1 0 4

臺北市復興北路三八六號

三民書局股份有限公司收

廣告回信

台灣北區郵政管理局登記證

北台字第10380號

（免貼郵資）

姓名：　　性別：□男　□女

出生年月日：西元　　年　　月　　日

地址：

電話：（宅）　　（公）

E-mail：

知識使你更有活力・閱讀使妳更有魅力
三民書局／東大圖書讀者回函卡

感謝您購買本公司出版之書籍，請您填寫此張回函後，以傳真或郵寄回覆，本公司將不定期寄贈各項新書資訊，謝謝！

職業：＿＿＿＿＿＿＿＿ 教育程度：＿＿＿＿＿＿＿＿

購買書名：

購買地點：□書店：＿＿＿＿ □網路書店：＿＿＿＿
□郵購（劃撥、傳真） □其他：＿＿＿＿

您從何處得知本書？□書店 □報章雜誌 □網路
□廣播電視 □親友介紹 □其他

您對本書的評價：

	極佳	佳	普通	差	極差
封面設計	□	□	□	□	□
版面安排	□	□	□	□	□
文章內容	□	□	□	□	□
印刷品質	□	□	□	□	□
價格訂定	□	□	□	□	□

您的閱讀喜好：□法政外交 □商管財經 □哲學宗教
□電腦理工 □文學語文 □社會心理
□休閒娛樂 □傳播藝術 □史地傳記
□其他

有話要說：＿＿＿＿＿＿＿＿＿＿＿＿＿＿＿＿

（若有缺頁、破損、裝訂錯誤，請寄回更換）

三民叢刊 235

夏志清的人文世界

殷志鵬 著

三民書局 印行

夏志清傳奇

劉紹銘

夏志清總也不老。

這話的口吻，自然是從白先勇的小說借來的。說得有點誇張，因為人總會老的。志清先生今年已達八十高齡。步履雖不如前穩健，思路卻敏銳如昔。但最能顯出夏志清教授「依然故我」一面的，毫無疑問是他依然故我的nervous energy。

無論什麼場合，只要有夏公在，這種energy就會瀰漫四周，令人精神抖擻。他說的話，每出人意表，因此絕無冷場。

這種energy是夏志清旺盛生命力的投射。人生苦短。要全情投入的不單是文學與藝術，還有他關心的人與事。他說話急如連珠炮，因為節拍一慢，就趕不上自己快如電光火石的思路。

應知說話急不及待，實是一種對人生全情參與、精力豐沛的表現。

有洋朋友因夏教授「快人快語」的作風而戲稱他為loose cannon。意謂「口沒遮攔」。殷志鵬教授《夏志清的人文世界》一書，記錄先生的學術貢獻外，還收集了不少有關他的趣聞逸事。附錄有湯晏〈右手與左手猜拳〉一條，記唐德剛訪夏志清。茲抄一段：

這個故事剛說完，他（唐德剛）又說了一個關於夏志清結婚的笑話。當年夏志清與王洞女士在紐約最大、最豪華的旅館Plaza Hotel（現已更名）舉行婚禮。婚宴中夏志清對這家氣派不凡的名旅館，讚不絕口，興奮之餘，他轉過身來對唐德剛說，「下次結婚再到這地來。」

夏公當天口沒遮攔開這個玩笑時，今天的夏夫人王洞女士不知在不在旁。我相信，即使在場，她也不會介意。她不知夏公性情，又怎會下嫁這位鼎鼎大名的loose cannon？殷志鵬以夏教授長期文友身分，把自己的文章和別人所寫的有關資料，收輯成書為先生八十大壽賀。

依殷志鵬的說法，夏先生為學做人，有八點特別值得稱道。其中之一是：「獨來獨往，不喜逢迎。人到無求品自高。……四十年來，他一直以真才實學，在美國學界爭一席之地，從不在洋人面前低頭、折腰。這種『國士』風格，足可做我們美國華知的榜樣。」

要知夏先生為學怎樣實事求是，不在「洋人」（或「同胞」）面前「低頭」，得仔細翻閱他三十多年來為美國學報所寫的書評。此事說來也真話長。我倒有一個現成的例子。

一九六二年七月，我就讀的印第安那大學召開了第三屆東西比較文學會議，夏志清來了，在康乃爾(Cornell)大學任教的英國漢學家A. C. Scott也來了。

Scott的*Literature and the Arts in Twentieth-Century China*（《二十世紀中國文學與藝術》），薄薄的一本書，剛出版了一年。

我當時是研究生，在酒會負責招待貴賓。夏先生初會Scott教授時，我在旁。猶記夏公跟Scott握手過後，劈頭第一句就問：How come so many mistakes in your new book?（新作錯誤百出，怎麼搞的？）

我不忍看Scott的現場反應，藉故引退。

夏公說話如此「不留情面」，得罪行家，在所難免。江湖上，剃人頭者人亦剃其頭。若非「武功」高人一等，早遭「仇家」清算。

但事實證明，夏志清的英文學術著作，並沒有為這一二十年興起的「新學」所取代。這個擺在我們眼前的事實是：*A History of Modern Chinese Fiction*（《中國現代小說史》）自一九六一年耶魯大學出版後，一再修訂再版。

The Classic Chinese Novel（《中國古典小說》）也一樣，一九六八年哥大出版後，已先後由印第安那大學和康乃爾大學兩家不同的出版社再版兩次（一九八〇和一九九六）。

本文以〈夏志清傳奇〉為題。能目為傳奇的人物，其言行、能力、性格總在某些方面異於凡品。觀夏公言行，常使我發生錯覺，直把他看作活脫脫一個從《世說新語》鑽出來的原型角色。

「下次結婚再到這地來。」這絕對是任誕狂狷人物才說得出來的話。

夏志清總也「不老」的一面，是他對傳統和現代中國小說的詮釋。在《中國現代小說史》中，他這麼給張愛玲定位：「……張愛玲該是今日中國最優秀最重要的作家。僅以短篇小說而論，她的成就堪與英美現代女文豪如曼殊菲兒(Katherine Mansfield)、泡特(Katherine Anne Porter)、韋爾蒂(Eudora Welty)、麥克勒斯(Carson McCullers)之流相比，有些地方，她恐怕還要高明一籌。」

話說得斬釘截鐵，一下子把一個曾被視為「鴛鴦蝴蝶」、身世頗受「爭議」的上海女作家引進現代中國文學的廟堂。

我記得英國老前輩文評家F. R. Leavis名著*The Great Tradition*（《偉大的傳統》）是這麼開頭的：The great English novelists are Jane Austen, George Eliot, Henry James and Joseph Conrad—to stop for the moment at that comparatively safe point in history.

說話人口吻顯得渾身是膽，不是對自己見解信心十足，是說不出口的。Leavis說得對，如果怕人批評，那別在給作家論斤兩的緊要關頭上伸出頭來(never to commit oneself to any critical judgment that makes an impact)。這就不會「禍從口出」。

夏志清論張愛玲的口吻，其有理不讓人處，與Leavis相似。這不奇怪，夏先生英美文學出身，讀書時心儀的大家，F. R. Leavis是其中一位。文學趣味與價值取向受其影響，自所難免。

張愛玲是不是「今日中國最優秀最重要的作家」？（我們應該記得夏氏的《小說史》是一九六一年初版的。）或者，我們可以問，the great English novelists是不是只限於Leavis所列的四位？

這真的是個「信不信由你」的問題。在結構解構等「新學」興起前，文學批評基本上是一種「以理服人」的功夫。

夏志清從文學藝術的觀點，一落筆就肯定張愛玲的成就。跟著就把她作品的文字層次和想像空間抽絲剝繭去分析。他會毫不含糊的告訴你，張愛玲在那些地方夠得上稱為一家之言，值得重視。

你看了他羅列的實例，還是覺得張愛玲不外如是，那也不奇怪，「見仁見智」而已。讀書本來就應該各自適才量性，勉強不得。給Leavis抬舉的Henry James，「頑童」馬克吐溫就受不了。

夏志清在耶魯拿到的，雖是英國文學博士學位，但日後的career，卻是中國文學。為了教學和研究需要，他只好「正襟危坐」重讀方塊字。由於他的科班訓練有異於漢學傳統，因此他讀的不論是線裝書或橫排的現代文學作品，見解若與時俗大異其趣者，亦不足為怪。

夏教授時發愕愕之言，不愧為中國文學的「異見份子」。《小說史》對張愛玲另眼相看，已教人「側目」。但更令「道統派」文史家困擾的，是他評價魯迅的文字中，一點也看不出對這「一代宗師」瞻之在前，「仰之彌高」的痕跡。

《小說史》今天能一版再版，不因其史料豐富（因參考資料早已過時），而是因為作者的「史見」四十年後仍不失其「英雄本色」。此書既「揚」了一個「小女子」的名聲，也「顯」了一位「才子學究」的小說家地位。錢鍾書今天在歐美漢學界享盛名，絕對與受夏志清品題有關。

中國現代小說史的「英雄」，給夏志清重排座次，出現了不少異數。一些向受「冷落」的作家，自《小說史》出版後，開始受到歐美學者的重視。如蕭紅、如路翎。沈從文在三四十年代本來就薄有文名，但其作品受到「另眼相看」，成為博士論文和專題研究題目的，也是因為《小說史》特闢篇幅，對這位「蠻子」另眼相看的關係。

夏志清的《中國古典小說》英文原著出版了三十多年，可惜到今天還未看到中譯本出現。夏教授既為中國文學的「異見份子」，對《三國》、《水滸》、《西遊》、《金瓶》、《紅樓》這幾本「奇書」，當然有他的「另類看法」。

記得當年捧誦《古典小說》，看到夏公把唐僧目為cry baby（哭包），不禁暗暗叫絕。他對悟空的「寓言意義」解讀為the restless genius（不安分的天才），尤見眼光獨到。

殷志鵬以《夏志清的人文世界》為書名，想是為了突出先生文章裡濃得化不開的humanism。的確，先生讀古人書，懷抱「人者仁也」善心，看《水滸傳》時，覺得哥兒們對待女人的手段和處置「仇家」的兇殘，實在說不上是什麼「忠義」行為。假「替天行道」之名，像「同類相食」(cannibalism)這些勾當，也可以「合法化」了。如此看來，這本素以「陽剛之氣」見稱的流行小說，在某些程度上，亦可作中國傳統文化陰暗面的索引看。

夏志清的話，算不算「離經叛道」？當然是。難得的是他為了堅持己見而甘冒不韙的勇氣。他的英文著作，大筆如椽，黑白分明，少見「無不是之處」這類含混過關的滑頭話。

他拒絕見風轉舵，曲學阿世。也許這正是他兩本論中國新舊小說的著作成為經典的原因。

「夏志清總也不老」，靠的就是這種restless文學基因。

二〇〇一年六月十二日　香港嶺南大學

文學因緣，今生難再

殷志鵬

一

文學是以文字抒情的學問。敘事，則近歷史；說理，則近哲學。這文、史、哲「一門三傑」的共同工具，便是語文。

語文是生活（命）的第一工具。數學第二。任何學問都需要語文。即使是純數學，亦需要語文。而文學，則更需要語文——嫻熟的語文——來表達。

夏志清教授是靠語文起家的。我也是。他出身於教會學校，從小便擅長英文。我讀的是師範學校，重視中文，忽視英文。他因適應美國生活環境，雖然掙得耶魯大學英文系博士，但不得不改研中國小說，鑽進文學評論的領域。我則因六十年代臺灣的留學熱潮，留英、留美，合真（新聞）、善（教育）、美（文學）於一體。兩人因地緣、校緣、人緣、書緣和文字緣而交織成的文學因緣，今生難再！

二

有一位文友，見「書名」而雀躍，全力地助我編排、打字和校對，一直到書的清樣完成才罷手。

我接到「清樣」，第一位在我心中出現的「讀者」，就是近年來崛起於中國文學評論界的「新星」王德威教授。大家都知道：王是夏志清教授文學事業的「接班人」，他一定有興趣、亦有義務審讀書稿。果不出我之所料，他在學期末的百忙中抽空，將書稿讀了一遍，肯定地說：「此書適於出版(publishable)。」隨即，推薦其師劉紹銘教授寫序，並將書稿寄往香港嶺南大學。

劉是夏濟安先生的高足，又與夏志清教授有四十年的交往，真正是「義不容辭」。想像中，他接到書稿，馬上動筆，一氣呵成，寫出有趣而又有深度的〈夏志清傳奇〉。

在此同時，我想到定居紐約的文壇高手王鼎鈞先生。我們相約在法拉盛「小敘」展示書稿，他認真地翻閱後便斷然地說：「此書為傳世之作，今後無論什麼人要研究夏志清，非要先讀此書不可！」此言之突兀離奇，譬如千軍萬馬，向我衝擊而來，令我坐臥不安，使我馬上揹上行囊，親赴臺北，會出版界之精英，終獲三民書局編輯部之青睞，慨允出版，以饗各地之「夏迷」。

三

夏志清教授生於一九二一年，到了今年（二〇〇一），恰是八十。這很不容易！因為，夏曾吞雲吐霧四十年，心與肺都受到很大的傷害，如今「心律不整」和「高血壓」的毛病，多少都與他過去長期抽菸有關。他那位嗜好菸酒、才華也很出眾的學者兄長夏濟安(1916–1965)，英年早逝，令他傷心至極！但是，他並未因喪兄之痛而立即戒菸。一直等到一九八四年，距離他的退休年齡已經不遠，夏才真正為了自己的身體健康著想，痛悟前非，下決心把菸戒掉，同時努力保健，尋求補救。這種明智的、「亡羊補牢，猶未為晚」的、實事求是的人生態度，終於幫助他贏得今天這樣的高壽。這本書，是給夏公祝壽的一份禮物。

筆者自一九八七年九月八日正式和夏志清教授交往以來，他就不停地贈書、寄文、寫信給我，使我的精神食糧更加充足、文學視野更加開闊、友情世界更加多彩多姿。雖然我也儘量地回贈、回寄和回寫，但自度無論從質或量的方面來衡量，都不及他的珍貴和出眾。我面對著書架上陳列的贈書，以及身邊儲存的大量文章和信件，早就預料到有一天我會動腦筋，將它們提鍊成一本人人喜讀和珍藏的書。現在，我的夢想實現了！這本書，是給自己的寫作計劃的一個答覆。

夏志清教授是當代名揚中外的文學批評家。從一九六一年到現在這四十年當中，被他的神來之筆點觸過的作家與作品,可以說是多到無從估計。他在紐約哥倫比亞大學——我的母校——教學三十年(1962–1991)，將教書、寫作、學習三位一體的學者文人生活，發揮到極致。中國文學——尤其是小說研究——在美國大學，因他而成為「顯學」。在治學方面，他最大的優點，是先學好英美文學，再回頭鑽研中國文學，並且敢從外國人的角度看中國文學，所以比國內的文學批評家更能看出作家和作品的優劣。再加上美國社會提供的、得天獨厚的言論自由與寫作自由的環境，夏才能「如虎添翼」，更加無所畏懼地提出新觀點，並且非常認真地向讀者說明觀點獨到的地方。這才引起廣大讀者的興趣和文化界的重視。這本書，是給讀者進入夏志清人文世界的一本指南。

四

文人相重或相輕，是結交文友或製造文敵的關鍵所在。本書上卷有五篇文字講文人相重，一篇談文人相輕。

〈夏志清與張愛玲〉的長、短篇，可讓讀者聯想翩躚。我說夏張是一對理想的「文學伴侶」，夏知道後，說我misleading，我卻認為是「獨到之見」。寫作自由的好處就在此。

〈夏志清兩次筆戰探源〉是一篇一萬八千字的長文，旨在找出「顏元叔對夏志清」與「唐德剛對夏志清」兩次筆戰的根源。夏如何運用文字和理念，維護自己的學者尊嚴，應該是讀者關心的焦點。

〈夏志清參加文聚的記錄〉真實地透露了紐約文聚的各種情況。大家都知道夏志清反共，曾經遭到左系文人的冷落，甚至於圍剿。這樣子對待一位學者，我認為有欠公允，遂邀他參加我們的文聚，助他解圍。這一招很成功！

夏志清喜歡對作家、作品評頭論足。他那「點石成金」的評論，能使讀者入迷。許多文人求他寫序而不可得。但是，評人者，人恆評之。〈七友評夏〉一文，略示端倪。

夏的書信，一如他的文章，表現出悲天憫人的情懷。我現在當然不能也不便發表他的全部信件。但是，為了印證他的學識與人品，我還是決定把信中的有關資料整理出來，供讀者參考。

〈和夏志清教授文交的心領神會〉一文，源源本本地把夏與我交往的種種鋪陳出來，讓讀者分享文交的樂趣。

下卷首篇〈讀夏志清英著《小說史》的聯想〉是我讀「夏著」的心得，屬於資料性的反芻。文中提出「在美國大學教中國文學」的一些建議，值得大家參考和進行討論。

〈夏志清、劉再復談羅素〉是「巧合」而成。夏、劉都是文界名人。我在同一天讀到夏的〈羅素與艾略特夫婦〉長文，和劉的〈論羅素的三激情〉短篇，發現兩人對羅的「愛的激情」的解釋根本不同，於是觸發靈感，揮筆而成此篇。

〈夏志清教授談文學前途〉則是舊文，是〈三訪夏志清教授談文學前途〉（簡稱〈三訪〉）長文的一部分，刊一九八八年四月《明報月刊》，深受夏教授重視，並吸引過廣大讀者的注意。

〈夏志清教授提供的人文資源〉一文，將夏贈書、寄文、寫信給我的資料彙集在一處，再加上我自己的收藏，按照類別與年代，分成四個部分：書、文、張信註解和來信。這些人文資源，包括一九六一年出版的英著：*A History of Modern Chinese Fiction*，到今年元月《明報月刊》發表的〈在美國教中國文學〉，歷時整整四十年，應是研究夏志清一生貢獻不可缺少的素材。

五

要感謝的人實在太多了！

除了夏志清教授、劉紹銘教授、王德威教授、王鼎鈞先生，以及那位隱名文友之外，我還要感謝《文訊雜誌》總編輯封德屏、《中華副刊》主編吳涵碧、《傳記文學》社長成露茜和《聯合文學》主編周昭翡這四位才華出眾的女士。她們審閱、發印書中的部分篇章，引起讀者的好奇，實含有先聲奪人的意義。

湯晏兄允許我將他的大作附錄書內，亦當感謝。其他文友，恕不在此一一提名，亦均在我心感之中。

三民書局的編輯同仁，亦即本書的「接生者」，令我終身難忘！

最後，我要特別感謝內人廖慈節博士。她不但在精神、物質兩方面支持我，而且也幫我查閱有關的寫作資料。她查閱資料，既勤又快，真是個好幫手。

感激帶來快樂，快樂幫助工作。任何事情，鍥而不捨，終會成功。本書之能完成與出版，亦與此理相符合。

二〇〇一年七月五日完稿　紐約灣邊

夏志清的人文世界

目次

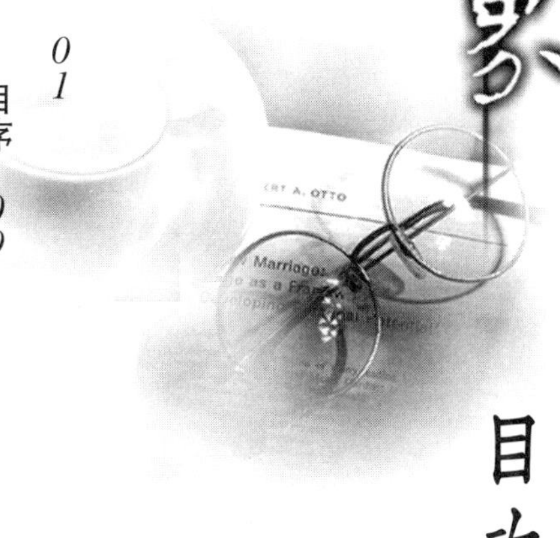

上卷：文人之間

下卷：人文資源與文學

上卷 文人之間

夏志清與張愛玲：罕見的文學知音

一、我不是張迷

我不是「張迷」。過去，我讀張愛玲代表作《秧歌》時，也只是翻了翻便放下，認為它是本「反共小說」，和我當時的意識型態格格不入，不值得花時間去細讀或讀完它。一直到一九八七年夏天，我和夏志清教授正式交往後，讀了他的成名巨著《中國現代小說史》（簡稱《小說史》），書中突出張愛玲和錢鍾書的文學成就，才開始注意張愛玲。這不是我的「無知」，實在是我一向從事散文寫作，卻把虛構、影射、誇張的小說創作給疏忽了。

世人皆知，夏志清之於張愛玲，一如伯樂之於千里馬，或者鍾子期之於伯牙。換句話說，由於夏「識馬」和「知音」，才把張的小說創作的才華與成就，用文學批評者的眼光和析解，立異突出，大加讚揚，使張名滿天下。難怪張對夏佩服得不得了，而要引為終身的「文學知音」了。

二、張愛玲的傳奇人生

1. 家　庭

張愛玲一九二〇年九月三十日生於上海，來自「豪門」。她的祖父張佩綸是清代名御史和福建邊疆會辦；祖母則是清代名臣、權極一時的李鴻章之女李菊耦。可惜的是，她的父親張志沂不爭氣，一輩子除了做過幾年鐵路局英文秘書的閒職之外，可說是一生無所事事。最糟糕的，當然是他染上吃喝嫖賭抽的惡習，必須靠變賣祖產，來維持奢華墮落的「遺少」生活。

張的母親黃素瑩亦來自「豪門」。她是清朝同治年間江南水師提督黃翼升的孫女。她是個新女性，對丈夫花天酒地、金屋藏嬌的敗家行為，表示不滿，乃藉故陪小姑張茂淵去英國留學。當時張愛玲才四歲，其弟子靜僅三歲。四年後，張母回到上海，不及兩年，便與張父離婚。此後，她又去法國習畫，也去過新加坡，後來病死在英國，時為一九五七年。此時，張愛玲已移居美國，並與長她二十九歲的美國作家賴雅(Ferdinand Reyher, 1891–1967)結婚了一年。

2. 紅遍大上海

張愛玲在母親堅持、父親反對的情況下，進入了上海貴族學校「聖瑪利女中」。十二歲時，她在聖瑪利校刊《鳳藻》上發表〈不幸的她〉，算是鳳鳥「初啼」，也就註定她這一生要走創作的道路。

一九三七年張高中畢業，雖然考上英國倫敦大學，但因歐戰不能去，便改上香港大學，時為一九三九年。她以〈天才夢〉參加《西風》雜誌徵文得獎。一九四二年香港淪陷，張大學未畢業即返上海，為上海英文版《泰晤士報》寫劇評、影評，同時為英文雜誌《二十世紀》撰文。

從一九四三到一九四五這三年，她發表了〈沉香屑〉、〈茉莉香片〉、〈心經〉、〈傾城之戀〉、〈琉璃瓦〉、〈封鎖〉、〈金鎖記〉、〈更衣記〉、〈公寓生活記趣〉、〈連環套〉、〈談女人〉、〈花凋〉、〈童言無忌〉、〈紅玫瑰與白玫瑰〉、〈私語〉、〈詩與胡說〉、〈炎櫻語錄〉、〈談跳舞〉、〈談音樂〉、〈留情〉、〈創世紀〉、〈姑姑語錄〉等散文和小說。在此期間，她的小說集《傳奇》、散文集《流言》出版，大受歡迎。她一生中的重要作品都在此時誕生。她的創作力特別強，發表的成績特別好，故有一夜之間紅遍大上海之說。

3. 兩次婚姻與來美發展

一九四四年，張與胡蘭成結婚，只維持了三年，便因胡和別的女人糾纏不清而離婚。一九五二年，張離開上海，重返香港，任職美國新聞處，寫了《秧歌》和《赤地之戀》兩本小說。一九五五年以難民身分移民美國。翌年春天，進入位於New Hampshire州的「麥克道威爾文藝營」，以便寫一本英文小說。在這裡，她與美國作家賴雅由認識而結婚。

張愛玲來美後，創作量大大減少，大部分時間從事重寫、改寫、英譯的工作。一九六七年，夏志清推薦張去麻州劍橋Radcliffe College所設立的獨立研究所，翻譯晚清小說《海上花列傳》。一年期滿後，又續一年。然後，張去西岸柏克萊加大中國研究中心，做了兩年事，即移居洛杉磯。此後，張閉門整理舊作，與世隔絕，常為病所苦，在出版最後一部作品《對照記》之後，翌年（一九九五）九月八日，被人發現在寓所中，裹著毯子安詳去世，結束她傳奇人生的最後一頁。

三、夏志清的雞窗人生

1. 家　庭

一九二一年二月十八日生於浦東的夏志清，來自平民家庭。父親是銀行小職員，母親是家庭主婦，加上兄濟安、妹玉瑛，一家五口，除了經濟上不夠寬裕之外，應該是個相當美滿的小家庭。

夏自述「家窮」，已在他寫的幾篇回憶文字裡談到。例如：他談到在蘇州讀中小學的情況，便這樣說過：「蘇州雖也算是文化大城，我們家裡窮，也接觸不了什麼文化。」

在回憶「滬江歲月」時，也說過自己「窮」且「土」的話。但筆者認為：夏的父母有能力供給他們兄弟倆上大學，就不能算是「窮」了。

2. 教 育

在教育方面，夏是一帆風順，這主要靠他的雞窗精神、努力爭取所得來。他在蘇州讀的小學，雖是教會學校，但設備簡陋。家裡連書櫥都沒有。但喜歡讀書的他，終於在家裡找到一部《三國演義》和林琴南的「翻譯小說」。他被它們深深吸引。這可能就是他後來研究中國小說、從事文學批評的契機。

夏在上海滬江大學附中讀高一上，然後去南京青年會中學讀了一年半。高三是在上海大夏大學附中讀的。由於他平時喜歡看美國電影，一九三八年高中畢業後，便發表了他的處女作〈好萊塢大導演陣容〉。此文在上海《新聞報》上連載了兩三天。

大學考上滬江大學，是美國南部浸禮會辦的。大一時，老師測試英文，每人作文十句。夏運用自己的英文實力，寫成一文，被老師挑出來唸給全班聽，讓他吃下「定心丸」，對自己的英文寫作能力更有信心。大二時，夏已是班上數一數二的高材生了。大三擔任英文校報*The Shanghai Spectator*文藝編輯。大四任該報編輯，一直到珍珠港事變發生，報館被封掉才停止。他的大學畢業論文寫的是：The Mind and Character of Tennyson（丁尼生的心靈和性格）。

3. 臺北・北京・美國

夏一九四二年大學畢業後，在上海待了兩年。一九四五年，他去臺北航務管理局工作了十個月，利用業餘讀了許多西方小說名著。翌年九月，隨同兄長濟安去北大當助教，是時胡適任校長。紐約華僑企業家李國欽在北大設了三名留美獎學金，文、法、理科各一名。包括夏氏昆仲在內的許多北大講師助教，爭相報名參加考試。文科考試規定每人當場寫一篇英文作文之外，還要交一篇英文論文。夏選了英國詩人William Blake (1757–1827)為題，寫了一篇二十多頁的論文，終於贏得文科留美獎學金。

夏於一九四七年底來美，翌年二月進入耶魯大學英文系，至一九五一年九月交出博士論文（筆按：夏志清教授寫的題目是英國詩人George Crabbe, 1754–1832），只花了三年半時間，便拿到耶魯大學英文系博士，真正的不簡單！不止這樣，他在交出論文前幾個月，已得到耶大政治系教授饒大衛（David N. Rowe）的賞識，聘他做副研究員，合寫一部《中國手冊》，因此涉及中國文學方面資料的閱讀與研究。一年期滿，夏又提出《中國現代小說史》的研究計劃，獲得了洛克菲勒基金會三年的研究補助金，當上耶大英文系的研究員。這就是他的巨著《小說史》出版前的契機。

夏在一九五二到一九五五這三年內，無拘無束，讀書寫作，生活安定，所以他得意地說：「我來美留學，沒有用過家裡一分錢，也沒有到飯館去打過一天工，洗過一隻碗，講起來比好多留學生幸運。」事實上，他不僅自給自足，而且還有餘錢寄回上海，令人稱羨不已！

4. 結婚・工作

就在一九五四年六月，夏與來自新英格蘭的研究生卡洛結婚。翌年四月二十五日，他們的兒子樹仁（Geoffrey）誕生。同一年，夏攜妻帶子，一家三口，離開New Haven，奔向密西根大學，接受一年訪問講師的職務。不幸的事情降臨到夏的頭上：兒子於一九五六年六月一日患腦膜炎死去，只活了四百天！

一九五六年八月，夏又去德州奧斯丁教了一年英文。然後又轉到紐約上州Potsdam教了四年英文。一九五八年時，夏的長女建一（Joyce）已經兩歲，他必須去學校辦公室整理他的《小說史》書稿。大概在這一年冬天，夏將完成的書稿交給耶魯大學饒大衛教授。饒請了兩位耶魯教授和一位校外教授閱讀書稿，終於肯定這是一部「拓荒巨著」，決定由耶魯大學出版社出版，但遲到一九六一年三月才印出問世。

此時，哥大王際真教授已決定推薦夏去紐約哥大，接任他的職位。但夏堅持必須要有tenure（即永久職）的待遇才就職。他去賓州匹茨堡又教了一年，終於獲聘為哥大中國文學副教授，從此結束他在美國大學校園「流浪」的生涯。

5. 教學・著作

此後，夏便以哥大為基地，建立起他的中國文學王國。從一九六二年到一九九一年，在這幾近三十年當中，他指導過的學士、碩士不計其數。根據〈桃李親友聚一堂——退休前夕的慶祝和聯想〉一文，經夏指導而獲得博士學位的計有十四位：Kenneth DeWoskin（搜神記）、Jonathan Chaves（北宋詩人梅堯臣）、Robert E. Hegel（隋唐演義）、Edward Gunn

（抗戰期間的京滬文學）、吳百益（白蛇傳說之演變）、陳李凡平（見於文學名著的楊貴妃）、唐翼明（魏晉清談）、松田靜江（李漁）、吉田豐子（評析清代女子所寫之彈詞數種）、Anne Birrell（玉臺新詠）、Richard Hessney（明末清初的才子佳人小說）、Charles Hammond（《太平廣記》裡的唐代小說）、Catherine Swatek（評析馮夢龍改編之湯顯祖戲曲三種）和Diran Sonigian（林語堂評傳）。這些人，現在分散美、日、臺、英各地，不是教授，便是主任，影響之深遠，實在無從估計。

在著作方面，除了《小說史》之外，包括*The Classic Chinese Novel*（一九六八）、《愛情・社會・小說》（一九七〇）、《文學的前途》（一九七四）、《人的文學》（一九七七）、《新文學的傳統》（一九七九）、《雞窗集》（一九八四）、《夏志清文學評論集》（一九八七）在內，以及很多尚未結集的文學評論和序文，都是在這三十年教授生涯裡完成的，產量實在夠驚人的了！

6. 離婚・結婚・退休

夏於一九六九年六月和前妻卡洛離婚。這段中美婚姻維持了十五年，也真不容易！

同年七月二十四日，夏又和來自臺灣、原籍山西的耶魯碩士王洞女士結秦晉之好。不幸的事情又發生了！一九七二年正月四日出生的二女兒自珍，係mentally retarded（即弱智），至今未癒，非常可惜！

夏志清教授於一九九一年五月四日自哥大退休，不久即患心律不規則症，從此放棄遠遊。但是，他著作不輟；紐約地區的文聚、演講、應酬也照常參加。由於他知道保健，所以看起來身體還不錯。他的視力正在衰退中，對寫作頗有負面影響。

四、罕見的文學知音

1. 兩人見過五次面

夏志清和張愛玲只見過五次面。初見是一九四四年，在上海章珍英同學家裡，有二、三十人，夏覺得張笑起來不自然，缺乏自信。第二次是一九六四年三月二十一日，在華盛頓開亞洲學會年會時，由高克毅作東，請了陳世驤、吳魯芹、夏氏兄弟和張在Market Inn

見面、飲酒和餐敘。第三、四兩次均在紐約，是在一九六七年的夏天，其中有一次夏還帶著於梨華去張的公寓見面，三人吃牛酪餅干，喝紅酒，談得很開心。最後一次是一九六九年三月二十九日在波士頓開亞洲學會年會，會後夏同莊信正、於梨華、張愛玲四人在一起午餐。如此而已！

2. 夏對張讚揚憐惜

夏在《小說史》〈張愛玲〉專章裡，對張讚揚備至：

> 《秧歌》真正的價值，迄今無人討論；作者的生平和她的文學生涯，美國也無人研究。但是對於一個研究現代中國文學的人來說，張愛玲該是今日中國最優秀最重要的作家。僅以短篇小說而論，她的成就堪與英美現代女文豪如曼殊菲兒(Katherine Mansfield)、泡特(Katherine Anne Porter)、韋爾蒂(Eudora Welty)、麥克勒斯(Carson McCullers)之流相比，有些地方，她恐怕還要高明一籌。

接著，夏又帶著讚美的口吻說：

張愛玲一方面有喬叟式享受人生樂趣的襟懷，可是在觀察人生處境這方面，她的態度又是老練的、帶有悲劇感的——這兩種性質的混合，使得這位寫《傳奇》的年輕作家，成為中國當年文壇上獨一無二的人物。

這樣的讚美，實在少見！

夏在「悼張」文的結尾處，也充分地表達出他對張既憐惜又讚揚的情懷：「她晚年的生活給我絕世淒涼的感覺，但她超人的才華文章，也一定會萬世流芳的。」夏在《張愛玲與賴雅》序文裡所說的亦如是。他認為賴雅的才華不高，年齡又太大，實在配不上張。同時夏更進一步坦率地說：如果賴雅在婚前對張隱瞞中風多次以及住院治療之事，則是「非常不道德的」。而賴雅堅決要張在婚前墮胎，才和她結婚，夏認為更是「不夠溫柔體貼」，甚至於「有些殘忍霸道」！

3. 張對夏信任佩服

朋友相交，貴相知心。淺易地說，就是「以心換心」。夏志清對她的賞識、讚揚與憐惜，張愛玲報之以感激、信任與佩服。

例如：她的文稿曾經要請夏過目和潤色，甚至於文稿的出版報酬，也一度由夏「全權」處理。夏「受寵若驚」，遂利用一九六六年夏天在臺北休假半年的機會，和皇冠出版社負責人平鑫濤，不止一次地當面商談，為張爭取到優厚的稿酬，和出版《張愛玲全集》（前後共十六冊）的優厚條件。為了報答這些道義相助，張寫了一系列的信給夏，表達感激之情：

> 我覺得在這階段或者還是先給你認識的批評家與編輯看看，不過當然等你看過之後再看著辦，也不必隨時告訴我。事實是在改寫中，因為要給你過目，你是曾經賞識《金鎖記》的，已經給了我一點insight，看出許多毛病，使我非常感激。（一九六三年九月二十五日）

> 你給講成的出書條件已經非常好了，就是這樣。平君代接洽攝片事，如果成功固然對書的銷路有點幫助，似乎無論如何應當給他與你兩份commission（筆按：即佣金）。我知道您不用賺外快，但是也可以給令嬡買點小東西。（一九六六年十一月四日）

夏在張信後的「按語」稱：「我當然不會拿她一分錢的。」

夏為了改善張的經濟情況，曾介紹她去Radcliffe College英譯《海上花列傳》。張為此也寫了一封充滿感激的信給夏：

> 收到十日的信，對於我找工作的事實在費心，我確是感激得說不出話來，也就只好不說了。Radcliffe Independent Study如果申請得到，當然最理想了，但是我要了申請表來一看，那三個保人很難找到合適的，如果找到其他兩個，再來找你。（一九六六年三月三十一日）

張愛玲在劍橋，書尚未譯完，便決定請夏寫序，由此可知她對夏信任佩服到什麼程度了：

> 《海上花》如果能由Columbia Press出版，你寫篇序，那是再好也沒有。Harvard Press是否要出，從未提過。譯完了如果要出，他們出過錢，似有優先權，好在這本書決不會賺錢，哥大也不會一定要出，序仍舊要請你寫的。（一九六八年三月三十日）

張愛玲似乎是響應美國傳統的號召：「到西部去！」（Go West!）她於一九六九年七月去加州柏克萊加大中國研究中心工作，仍然和夏保持著書信來往。不幸的很，張在該中心工作兩年期間，卻與中國人主管陳世驤教授，發生嚴重的誤會與磨擦。最慘的是：陳在解僱張前一個多月，卻因心臟病猝逝，享年僅五十九歲，令人欷歔不已！

張為此特別給夏寫了一封長信，說明原委：

> 志清：

我自從聽見世驤寫信給你，帶累你聽抱怨的話，心裡非常過不去，一直想告訴你是怎麼回事，但是是真從去年十一月起斷斷續續病到現在，感冒從來沒有像這樣連發……現在世驤新故，我不應當再說這些，不說，另找得體的話，又講不清楚。我剛來的時候，就是叫寫glossary，解釋名詞，不要像濟安、信正寫專論。……所以結果寫了篇講文革定義的改變……通篇改寫後，世驤仍舊說不懂。……我知道他沒有再給人看，就說：「要是找人看，我覺得還是找Johnson〔主任〕，因為ctr.就這一個專家。」他又好氣又好笑地說：「我就是專家！」（下略）

愛玲 六月十日（一九七一）

夏在張信「按語」裡這樣寫道：「二人談話時無法溝通的情形是非常明顯的。」又道：「但世驤專治中國古代文學與文學理論，張愛玲的作品可能未加細讀。作為一個主管人，他只看到她行為之怪僻，而未能因欣賞她的文學天才和成就去包涵她的失禮和失職。」夏在痛失老友之後，仍為張辯解，仍視張為「至交」，仍與她保持來往，仍對她表示關懷與憐惜，實在是太難能可貴了！

五、文學奇葩永留芳

夏志清與張愛玲這兩位文學知音，現在陰陽阻隔，不能相見。但是，他倆的名字早就連在一起：世人提起夏志清，必然想到張愛玲；提起張愛玲，亦必然想到夏志清。

夏張的家庭背景不同，走的道路不同，成名的年代不同，遭遇和結局也不同。但是，他倆在各自選擇的文學領域裡開放著奇葩，讓人喝采，讓人欣賞，卻是相同的。

總之，張的小說創作，夏的文學批評，都將在中國文學史上和世界中國文學研究方面，永遠留芳！

二〇〇〇年七月三十日稿成紐約灣邊

附錄

把夏志清、張愛玲合在一起作文章，好像不曾有過。現在，我在這個五年前張愛玲「魂歸離恨天」的九月，破例地將夏、張的文學事業串連起來，希望烹製成一道文字「美食」，邀請讀者品味。

大家都知道：夏之於張，一如伯樂之於千里馬。緣起於夏在一九六一年出版英著《中國現代小說史》，書中突出了張愛玲的小說創作才華與成就，使張名揚天下：

> 《秧歌》真正的價值，迄今無人討論；作者的生平和她的文學生涯，美國也無人研究。但是對於一個研究現代中國文學的人來說，張愛玲該是今日中國最優秀最重要的作家。（傳記文學出版社中譯本，頁三九七）

張愛玲興起於上海新舊交替時期。她在一九四三到一九四五這三年裡，幾乎將一生中最重要的作品，都從腦海裡「擠」出來，得到讀者和出版者的熱烈歡迎。她的小說集《傳奇》、散文集《流言》，便是這個時期的代表產品。她的「成名要趁早」的人生哲學，得到了躬親履踐。

張的創作成績單的確很漂亮；但在婚姻路上，卻是坎坷和失敗的。她第一次在上海，與胡蘭成結婚，只維持了三年便告吹；第二次在紐約，和大她二十九歲的、經濟狀況又不佳的美國作家賴雅結婚，苦多樂少地維持了十一年。賴雅過世兩年後，張便闖「到西部去」，先在柏克萊加大中國研究中心，做了兩年「不討好」的研究工作，以後便移居洛杉磯，終於在經濟困難、病魔纏身、孤單寂寞的窘境下，度過餘生。死後，被人發現裏著毯子、躺在公寓的地板上過世，真正是「絕世淒涼」（夏志清語）！

對比起來，夏雖然成名較晚，但因為走的是「學者道路」，杏壇得意，著作與教學的成績斐然，讓人稱羨不已！夏著作等身，計有《中國現代小說史》、《中國古典小說》、《愛情・社會・小說》、《文學的前途》、《人的文學》、《新文學的傳統》、《雞窗集》、《夏志清文學評論集》等。在教學方面，夏在哥大三十年，培養了許多學士、碩士和博士。據他自己的書面報導，共有十四位中國文學博士，從他手中培植出來。這對人類整體影響而言，是可觀而又無可測量的。

夏的婚姻生活和張恰相反：先娶洋女為妻，生一子一女。兒子活了四百天即不幸夭折，長女建一今年已四十四歲。夏於一九六九年，先和前妻離異，再與王洞結婚。一九七二年正月四日出生的二女兒自珍，不幸生下來便患「弱智」症，至今未癒，真是可惜！夏在同一年夏天，忙著離婚、結婚的事情，傳到張那裡，令後者覺得很有趣。張在同年十月十二日給夏的信中提到，夏的友人蕭克在離開柏克萊前，曾去張的辦公室告別：

（蕭說）「他（指夏）太太是美國人，天天做外國菜，夏先生吃得……」做了個苦臉，沒說下去。我覺得未免太simplistic，差點笑出聲來。後來收到你的信，也說現在的太太做中國菜的話，倒跟他（指蕭克）遙遙響應，我不由得笑了。（見《聯合文學》一九九七年十二月號）

現在，他們兩人，一歿一存，陰陽阻隔，不得相見，引以為憾！但是，他們以文字的形式，留下的創作和評論，都將是第一流的文學珍品，並在中國文學史上和世界中國文學研究方面，永遠留芳！

二〇〇〇年九月十五日初稿紐約灣邊，原載二〇〇〇年十二月十五日《中華日報》。

夏志清兩次筆戰探源

文人筆戰是常事

夏志清教授打了兩次漂亮的筆戰。一次是七十年代和臺灣大學教授顏元叔交鋒；一次是八十年代和紐約老友唐德剛火拼。這兩次筆戰，夏都是被「逼」而披掛上陣的。

夏或許是為了維護文壇「盟主」的地位，或許是為了維護學者的尊嚴，或許是為了維護兩者，而不得不挺身而出，施出看家本領，祭出各種法寶，迎戰兩位挑戰者。這兩次筆戰的三方，手下似乎都不留情，所以「殺」得「人仰馬翻，天昏地暗」，看得各路英豪，莫不目瞪口呆，既緊張，又刺激，私下連呼「過癮！過癮!!」。

文人打筆戰是常事。過去魯迅也同陳源（西瀅）、梁實秋，為了北京女師大事件等等，打過筆戰。我個人在七十年代和阮大仁為了「中國統一問題」、在九十年代和孟德聲為了「民主自由與民族主義問題」，也打過筆戰。我認為：很多喜歡舞文弄墨的人，大概多多少少都嚐過打筆戰的味道。

打筆戰時，精神是緊張的，但也因此而激發思考，磨鍊筆鋒，善用資料，小心表達，務求以理服人，以智取勝，使讀者明白真相，自作取捨。這是讀書人的天職，義不容辭的文人美德，必須承擔下來。但是，如果對方出於意氣用事，無理取鬧，旨在人身攻擊，或被人收買充當「打手」，那麼我們亦可置之不理，以免落入圈套，糾纏不清，而自毀聲譽。

顏夏筆戰的導因

導源於「歷史的誤會」，夏志清在一九七六年元月三日寫了一篇長文：〈追念錢鍾書先生——兼談中國古典文學研究的新趨向〉（簡稱夏文）（見《人的文學》，臺北純文學，一九七七年初版，一九八四年三印，頁一七七—一九四）。誰知這篇錯誤的悼錢文字❶，被顏元叔用來做為評夏治學的「把柄」，遂引起一場不必要、可又驚動中國文壇的筆戰。

這場筆戰發生在二十四年前。當時，顏才四十四歲，夏也只有五十五歲。兩人都正值錦繡年華、精強力壯、發表慾強的時候，且皆自視甚高，各有相當的成就。雖然一在臺北，一在紐約，但是「文章乃經國之大業，不朽之盛事」，公認有跨越時空的偉大力量。當夏文出現在臺灣報刊，洋洋灑灑，評這說那，怡然自得，怎能不引起同行的注意，以至於遭受到批評呢？

顏元叔的長文：〈印象主義的復辟？〉（簡稱顏文），刊同年三月一、二日《中國時報》人間副刊，顯然是針對夏文而寫的。顏文共二十段，前七段講「印象主義和文學批評」，後十三段指名道姓地將夏文，連同作者夏志清，狠狠地批評了一番。

顏出狠招攻擊夏

❶錢鍾書生於一九一〇年，江蘇無錫人，著有《寫在人生邊上》、《人獸鬼》、《圍城》、《談藝錄》、《管錐編》等書。一九九八年十二月二十一日逝於北京。夏志清因誤傳而寫的悼錢文字，比錢的真實逝世時間，提早了二十二年十一個多月，亦可知當時的大陸情況和海外隔膜之深了。

顏文的立論和批評，可簡述於下：

印象主義的文學批評，來自直覺和直感，並無分析、求證、達到結論的科學精神，所以只能算是詩話或詞話一類。詩話或詞話，也只能算是批評的開頭，必須要進一步地分析、求證和結論，才能達到現代文學批評的目的。

顏認為夏寫的文學論文，係遵照分析、求證、結論的科學方法進行的。但是，為什麼夏在推介錢鍾書《談藝錄》詩話般的文評時，竟然不惜將自己的治學方法給否定呢？顏認為《談藝錄》文字晦澀難懂，而夏卻附會稱讚。這是不是意味著「不清楚」的批評，勝過「搞清楚」的批評？

顏說文學批評是用理智探究文學，必須「科學化，系統化」。顏更進一步說夏停留在十八世紀，並批評夏的「文學為主，批評為客」之說。顏又批評夏對「方法學」的看法，因夏不認為「方法學」為文學批評的必要手段；而顏本人則認為「方法學」是文學批評不可避免的方式。顏認為詩話、詞話是一種「壞方法」，不是「好方法」。

顏認為我們不能不用西洋觀點與方法，來批評中國文學，因為除此別無選擇。引進西方觀點與方法，目的在使中國文學研究更活躍，更有生命力。顏對於夏的完全否定，不以為然。

顏反駁夏對比較文學的看法。夏覺得「大半有『比較文學』味道的中國文學論文，不免多少帶些賣人頭的性質」，意即「騙騙讀者」。顏則重視「比較文學」（筆按：顏為威斯康辛大學比較文學博士），說它一面可導向世界文學，一面可堅振民族文學；它是一門新興學問，夏是反對不了的。

顏反對夏搬出錢之《談藝錄》籠統地比較兩位詩人或兩國詩人、作家，例如陶淵明（365–427）和華滋華斯（顏音譯為渥滋華茨）（William Wordsworth, 1770–1850，英國詩人）兩人詩中的「自然」，絕不相同。因此，顏認為《談藝錄》所標示的研究方法是危險的、不精確的，所以不可取。

顏也為葉維廉鳴不平，說夏捧錢，而貶葉為「機械式的比較文學」，是不對的；又說夏的「比較文學觀」是數學的，而非文學批評。

最後，顏忽然冒大不韙地稱夏為「東部學霸」（筆按：東部應指美東而言，因紐約位於美國東海岸）；說夏在臺灣發表的文章是任性的、鬆散的、意氣的，並舉出夏為文稱讚於梨華、白先勇、張愛玲為例。顏認為夏為了推銷錢鍾書的著作，不惜挖掉臺灣的中國文學批評的根基。

夏傾全力還擊顏

夏讀到對他「大施（肆）攻擊」的顏文，自稱「不感意外」。他在顏文刊出後兩週期間，趕寫了一篇長達三十四段的長文：〈勸學篇——專覆顏元叔教授〉（見《人的文學》，頁一九五—二二一），較顏文至少長過三分之一，重重地對顏還擊。

〈勸學篇〉按結構分成兩個部分。第一部分二十三段，係討論1.葉嘉瑩的中國舊詩觀點和顏元叔的批評；2.「新批評」；3.治學的態度與方法；4.「完美的批評家」；5.建立印象為法則的批評；6.人文、社會科學研究與自然科學；7.比較文學研究；以及8.錢鍾書《談藝錄》的價值等學術性問題。第二部分十一段，是從正面攻擊顏著文、治學的弱點和為人處世的缺失。下面是全文的重點敘述：

夏覺得顏評論葉嘉瑩的「中國舊詩」觀點，是「剛愎自用」，於是藉著追念錢鍾書、介紹錢著《談藝錄》，而將個人積壓心中的意見吐出。夏對葉「用西洋方法治舊詩，非有深厚的國學基礎不可」之論，表示相當程度的支持，所以才把《談藝錄》推出，但是，夏並未全盤否定「今日臺灣古典文學研究之成就」。

夏說自己的治學態度和顏不同。顏回到臺灣後，急於推銷「新批評」的治學方法；而夏總希望自己有時間多讀些書，充實自己。夏說錢鍾書「中西學問，無人可及」，就是他「讀書多、記憶強、悟性高」的結果，因此著文勸顏虛心學習。

夏批評顏「方法至上，辯護無知」，上了耶魯大學「新批評」學派布魯克斯（Cleanth Brooks）的當。夏說布氏雖強調方法，但他的「詩學根底」深厚。夏認為一首詩的分析、比較過程，可長可短。「要言不繁」是「印象」，也是「批評」。《談藝錄》中的批評，就是採取這種態度。

夏欽佩能「建立印象為法則」的批評家，而非「印象主義派的批評家」。而「完美的批評家」，乃是「個別批評家印象的組合」（筆按：亦即中國人所稱的「集大成者」）。夏是傾向於「完美的批評家」類型的，而非顏所指控的「印象主義批評家」類型。

夏認為人文、社會科學研究，不必跟著自然科學亦步亦趨。而文學批評亦不可能真正的「科學化、系統化」，因為文學批評的系統是不能割斷的，非得從頭讀起，才有所悟，才能有新論和新解。夏認為受「結構學」(Structuralism)影響的理論著作，文字艱澀，難為一般讀者所接受。

夏強調《談藝錄》是部「大書」，要有超人的記憶力、悟性和博學才能寫出，決不是顏所謂的「印象主義」式的隨便亂寫。同時，他說《談藝錄》書中的舉例與參考資料，可以查證，並可用來撰寫「比較文學」論文的題材。

夏對顏稱他為「東部學霸」，毫不客氣地以牙還牙。夏說顏當了某校「外文系主任」、某校「西洋文學研究所」主管、創辦「兩份文學刊物」、召開「兩個比較文學大會」，才是真正的「學霸」！

夏對顏批評他發表「任性的、鬆散的、意氣的」文字，高捧於梨華、張愛玲、白先勇三人作品，還之於說顏評論於梨華《白駒集》，以及其他書評、論文，是「急就章」。夏指出顏自述「面壁十年」，才能「寫大書、立大說」，但他並未這樣去做。夏說顏的英文程度不高，故譯書的錯誤一大堆，例如：他花了兩年多的時間譯了《西洋文學批評史》，卻將章前大綱、腳註，章後參考資料省略掉，這是不利於讀者研讀的。

夏認為如果顏虛心請教，勤查字典，弄清楚希臘、拉丁、義、德、法文字，《批評史》

一書會譯得更好，更完全。夏又指出該書中的德、法人名音譯不對，而音譯英國名人姓氏也有錯誤，並希望顏把英國及歐洲作家姓名發音搞清楚，以免在國際會議上鬧笑話！

觀戰者小評

顏夏之戰，從積極方面看，是一場關懷中國文學研究方向的討論。當夏讀到葉嘉瑩〈漫談中國舊詩的傳統〉一文之後，又讀到顏元叔〈現代主義與歷史主義——兼答葉嘉瑩女士〉一文，便覺得這兩位學者，一為傳統式的中國文學研究者，一為西方式的中國文學研究者。雖然雙方各有千秋，但夏基本上認為「要搞文學研究，中西學問愈紮實愈好」。由此可知，夏的文學研究方向，不同於葉、顏二人所選擇的方向，實可置身於他們的「讀書論」與「方法論」的爭辯之外。但是，無巧不成書，夏藉著追念錢鍾書，而著文大力推介錢著《談藝錄》詩話式的文論，遂被當時臺灣領袖群倫的「新批評」學派大將顏元叔誤認為是「印象主義的復辟」，而大加撻伐。

中國文學研究的方向之爭，由來已久。早年胡適從美國回到中國，不是公開地提倡

「有一分證據，說一分話」和「大膽假設，小心求證」的西洋治學方法，挑戰過當時的「國粹派」嗎？過去筆者在臺灣師大國文系讀書時，也有法國文學博士李辰冬教授教同學用西洋方法整理《詩經》，受到系內章（太炎）黃（季剛）學派教授的批評。這些「研究方法」學理之爭——挑戰與被挑戰——是教育界的好現象。有競爭，才有進步。如果只是為了保護自己的「地盤」（飯碗或發表園地），自己的「利益」（文名與稿酬），而無端排斥異己——舊派或新派，那才是國家的大不幸呢！

《談藝錄》到底是什麼書？顏元叔說是「一部現代人的舊式書，一部詩話而已」。夏志清說是「一部大書，綜論唐宋以來詩和詩評的傳統」。一貶一讚，爭執不休。我手邊這部《談藝錄》是精裝本，一九八六年十月二印，由北京中華書局出版，全書六百二十二頁，較之錢的另一巨著《管錐編》四冊（香港中華書局，一九八〇），總共一千五百五十八頁，要少了許多許多。

《談藝錄》原文九十一篇，補遺十八篇，佔三百十二頁；另〈談藝錄補訂〉佔三百十頁。書是用文言文寫的，其中有很多不常見之字，非一般讀物，可以斷言。同時，作者為顯示其博古通今、精中知外，在解釋唐宋詩篇之時，忽然心血來潮，加入西詩、西論或西著作比較，愈發令讀者知難而卻步。這是此書，連同《管錐編》在內，很難成為普及讀物的根本原因。因此，我認為當年的顏元叔，大可不必緊張，夏志清推介的《談藝錄》，是絕不會「挖掉臺灣的中國文學批評的根基的」。

從消極方面看，顏夏之戰是「文人相輕」的惡性循環，故不可取。顏如果知道夏是一位具備「真知實學」的學者，讀過夏寫的《中國現代小說史》和《中國古典小說》兩本英文巨著，以及夏發表的一系列序文和評論，他可能就不會貿然「挑戰」，更不可能稱夏為「東部學霸」。夏寫的文章，當然不是每一篇都能使讀者滿意的。即使如此，我們也應該對他的「虛心求知，樂於助人」的治學態度，表示最大的敬意才對。

當我今年十月五度返臺期間，原準備會見顏元叔教授，探索當年顏夏筆戰的第一手經驗。可惜的很，顏於兩年前中風，不再見客。他在電話上告訴我：

> 我現在寫不動了；平常只看報紙，不看書了。我已經六十八歲，中風了兩年，手腳發抖，不能會朋友了。過去的事情都記不得了！

夏本人也有高血壓和心律不整的毛病，但是仍然健談，仍然參加活動，仍然寫文章，祇是少寫罷了。相比之下，毫無疑問，夏是一個真強者！

唐夏皆長期文友

「唐夏筆戰」的兩位主角，都住在筆者五十哩半徑之內，不僅經常見面，而且都是長期文友。

唐德剛是我的哥大學長，主修歷史，一九五九年獲得博士學位。他在母校做過中文圖書部門管理員，也教過書，但是沒有爭取到永久教職，所以他不得不去紐約市立大學系統的City College——也就是他經常「自我嘲諷」的所謂「窮人的哈佛」——東亞語文系當教授、主任，一直到退休。

夏志清一九五一年在耶魯大學英文系拿到博士後，先做研究工作，撰寫英著《中國現代小說史》，後在東西南北幾間學校，流浪了七年。一九六一年《小說史》問世，一鳴驚人。一九六二年，夏被哥大東亞語文系延攬，擔任中國文學副教授，繼之為正教授，一直到一九九一年退休為止。

唐長夏一歲。唐未搬到新澤西州Norwood之前，也住在哥大附近，和夏的公寓只隔幾個街口，可以說是「近鄰」。兩人自一九六二年，由相識而相交，往還甚密，遂成「老友」。他們兩人，一史一文，文史同源，故有很多的共同話題。但兩人的性格、風度、處境和想法，是不同的。由於他倆都好強成性，都喜發高論，都愛在才女面前賣弄「學問」，而且又經常出現在同一場所，這樣一來，口舌之爭，就難免了。

文友湯晏曾經發表過一篇「唐夏鬥嘴」的實錄，非常有趣。他在文章結尾處這樣說：

> 返寓後，我一直想起唐德剛與夏志清這二位可愛的人。李耳對孔丘說：「良賈深藏若虛，君子盛德容貌若愚。」唐、夏就是這樣，他們不擺教授架子、大師姿態來裝腔作勢。而兩人間的交誼，則是「文人相重」的另一類型，足可楷模四方。我看天下多幾個像這樣的人，太平盛世就不遠了。❷

❷ 湯晏〈右手與左手猜拳——記巨匠唐德剛訪名家夏志清〉，載《傳記文學》一九八六年八月號，頁五三—五四。

但是，他顯然的錯了。一年後，唐、夏大打筆戰，惡言相向，由「相重」變「相輕」，大概是湯晏做夢也想不到的事情吧！

其實，唐、夏在交惡之前，也曾互相讚美過。唐這樣說夏：

> 夏志清先生和胡適之先生一樣，少小聰慧，立志為學。他們都是用功的學者，「不寫不用氣力的文章」。用了氣力，自然就有職業感；有職業感，自然也就加意保存了。❸

夏這樣說唐：

> 同胡適一樣，唐德剛的中文文章比他的詩詞寫得更好。《胡適雜憶》出版後，我想他應公認是當代中國別樹一幟的散文家。他倒沒有走胡適的老路，寫一清如水的純白話。德剛古文根底深厚，加上天性詼諧，寫起文章來，氣勢極盛，讀起來真是妙趣

❸ 唐德剛《五十年代底塵埃》（臺北傳記文學出版社，一九八一），頁二。

橫生。❹

但是，二、三十年的老朋友，若不謹言慎行，自我約束，也會鬧翻臉的。唐夏筆戰，是現代高級文人的惡例，值得吾人細心探源，以免重蹈覆轍！

紅樓變成導火線

一向以「野史作家」自詡的唐德剛教授，為了應付「國際紅學會議」，心血來潮，寫了一篇所謂「筆記」式的論文〈海外讀《紅樓》〉（簡稱唐文）❺。這篇約一萬三千字的長文，經過一報（《中國時報》）、一刊（《傳記文學》）的傳播，當然引起海內外華人文教界的注意，也自然逃不過夏志清教授敏銳的觸角。下面便是唐文的重點敘述：

唐文主論分成八節。首節講唐幼讀《紅樓》，深受感動，說胡適、魯迅的白話文都比

---

❹ 夏志清《新文學的傳統》（臺北時報文化出版公司，一九七九），頁七二。

❺ 唐德剛〈海外讀《紅樓》〉，載《傳記文學》一九八六年五月號，頁二六—三三。

不上曹雪芹。接下去說他在大學時代讀《紅樓》，覺得它是一部「社會史鉅著」。他找出書中的「文化衝突」因素，寫了篇萬言長文：〈淺論我國腳藝術的流變〉，「詳細玩摩」過大觀園中諸女士之「腳」。來美後，唐與友人談《紅樓》，又提出「社會科學處理之方法」。在威斯康辛大學周策縱教授召開的「第一屆國際《紅樓夢》學術討論會」上，唐發表〈曹雪芹的文化衝突〉論文。〈海外讀《紅樓》〉則是唐準備在哈爾濱第二屆紅學會議上宣讀的紅論。

唐文第二節把「文化衝突」概念和寶玉所穿的「漢、滿服裝」，以及「拖不拖辮子」連在一起發揮，說明曹雪芹在撰寫《紅樓夢》時，表現出既愛「古裝」、又愛「清服」的矛盾心態。

第三節推出社會科學中的「法則」和「概念」，可以用做研討《紅樓夢》的「新方向」。唐藉此彈奏起批夏治學的弦外之音：

> 然唐詩、宋詞、元曲之後，何以異軍突起，「章回小說」頓成兩朝文學之中堅，時至清末，書目竟多至一千六百餘種，直如野火之燎原，一發不可收拾？諸文學史家則

均瞠目不知所對。晚近諸大家粗通漢籍、論文海外，竟以兩朝顯學，比之歐西作品，直是糟粕之與珠玉，簡直不屑一顧，則尤為不可思議。❻

唐說明清小說大眾化，是經濟上的「供需律」所促成。有了都市化的工商社會，才有小市民的興起，也才有小市民的需要，於是戲曲與小說跟著興起。本節最後一句，也是針對夏而發，明眼人一看便知：

治中國文學史者，如對「中國社會發展史」毫無概念，只一味批卷子看文章，而臧否作者，則批者縱滿腹洋文，全盤西化，亦終不免八股習氣也。❼

第四節講中國經濟都市化始於南宋，其中心在運河南段、長江下游、太湖沿岸三角地帶。小市民興起，業餘有閱讀小說的需要。小說家如著《儒林外史》的吳敬梓、著《紅

❻ 同上，頁二八。

❼ 同上，頁二九。

樓夢》的曹雪芹，亦應運而起，盡力提供。加之江南出版業配合，因此讀小說成為時尚。

第五節講都市小資產階級興起，推廣了小說閱讀。但在中國農業社會，農民是靠「講書人」、「講古人」、「說書人」，代其閱讀小說。此處，唐開始指名道姓提出夏志清英著《中國古典小說》❽〈導論〉譯文中所謂的「說話人」，以顯示和唐所說的不同。唐認為《紅樓夢》是中國文學現代化的第一部鉅著，沒有受西方作品影響，而其格調也不在任何西方作品之下。這是都市化工商社會所使然。

第六節講「聽的小說」和「讀的小說」，皆以「普通話」為傳播工具。胡適提倡「白話文」，亦有賴於早有的白話小說，如《紅樓》、《水滸》為先驅，而得以成功。而白話小說之興起，又為市場經濟發展所促成。此處，唐忽然把夏捲入「暴風圈」：

> 今日名重海外之蘇州才子夏志清教授，講學著書，英語之外，亦非用「江北話」不可。此非夏氏忘本，不愛其「吳儂軟語」——軟語吳儂，夏教授愛之深、慕之切也，

---

❽ 原名為*The Classic Chinese Novel: A Critical Introduction* (New York: Columbia University Press, 1968; Bloomington: Indiana University Press, 1980; Ithaca: Cornell University, 1996), 413 pages.

捨之而用「江北話」著書者，亦市場經濟之發展使然也。設夏氏亦以其鄉賢之《九尾龜》文體述稿，則志清亦難免「賒酒食粥」矣。❾

（筆按：這段文字之突兀離奇與離譜，一般讀者讀之，非叫「絕」不可。但夏本人讀之，毋寧是對他下「戰書」！）

第七節講中國章回小說在清末多至一千六百餘部，但根據西方文學標準而言，除《紅樓》、《水滸》等數種之外，其他均不值一讀。唐說夏熟讀洋書，以夷變夏，以中國白話小說藝術成就之低劣為可恥，而稱頌西洋小說態度之嚴肅與技巧之優異。唐認為這是「沉迷西學，失去自信，妄自菲薄」的文化心態。

唐說夏氏兄弟（筆按：指夏濟安和夏志清）在海外文學批評界之崛起，正值中國大陸「批胡適」、「反右」而走向「極左」；而海外反其道而行，尊胡適、走資、崇洋而走向「極右」，形成了近百年來中國文學批評史上「兩極分化」的局面。

唐又說在此「兩極分化」當中，夏氏兄弟以西洋觀點治中國小說，講學海外，桃李

---

❾ 同❺，頁三一。

滿門，春風得意，造成海上山頭。說夏之兩本英著出版，是以海外極右、崇洋之言論，與大陸極左之普羅文學傳統相對抗，也是「以一人而敵一國」的豪氣所致。唐接著說：海內「極左」者俱往，海外「極右」者，亦應何去何從學習進步也！

第八節，唐說「崇洋、學洋」非壞事；不論政治改革，或是文學批評、文學創作，崇洋、學洋都是過渡時期。等到體制「現代化」後，一切均迎刃而解，文學亦不例外。唐又以曹雪芹、吳敬梓著書貧困一生，和英國小說家狄更生（筆按：應譯作狄更斯，從俗。Charles Dickens, 1812–1870）一生榮華富貴相對照為例，說明經濟發展的重要，文學作品及作家均受其影響。唐說胡適批評《紅樓夢》故事中沒有plot，不是部好小說；又說夏以《紅樓夢》和西方小說相比，說它不多寫「性愛」，亦非好小說，均為「崇洋」、「西化」的不成熟之論。

一萬八千字應戰

夏志清讀到老友唐德剛「紅（宏）論」，自是驚愕不已！他一讀再讀，三讀四讀，簡直不能相信自己的眼睛，但事實擺在眼前：老唐在公開地向他「挑戰」！

夏是當事人，他絕不會輕易地放過唐的「公開挑戰」，即使那時兩人已有二十四年的交往。於是，他不得不放下手邊的其他工作，邊讀邊思，邊註邊批，花去了許多寶貴的時間，寫了篇一萬八千字的長文：〈諫友篇〉❿，重重地對唐還擊。

〈諫友篇〉一共九節。首節講唐常和夏開玩笑，佔些小便宜，夏從不計較；但這次唐公開撰文批評夏氏兄弟，夏認為唐已非善意，而是惡意的謾罵。夏說唐給他兄弟「崇胡（適）、走資、崇洋而極右」的大罪名，主要罪證是夏寫的《中國古典小說》一書。罪名滑稽，罪證更站不住。夏為了讓讀者明白真相，認清唐的真面目，才寫這篇辯正。

第二節說唐作文輕浮草率，似懂非懂，總喜歡發些概括性的怪論，令人發笑！唐文錯誤百出，都因不查資料，例如Charles Dickens的譯名就不對。狄更斯並非唐所說的「遺腹子」，雙親都活到高壽；而他的大多數作品，投合小市民的口味，並非唐所說的迎合「高格調口味」的讀者。夏在此節用「膽大心粗，臉老皮厚」形容唐寫的文章，只求博得讀

---

❿ 夏志清〈諫友篇——兼評批唐德剛「海外讀《紅樓》」〉，載《傳記文學》一九八六年八月號，頁四二—五三。

者一笑，即使「歪曲事實，顛倒是非」亦在所不惜。

第三節說唐對狄更斯一無所知，可以理解；但唐對中國小說研究，根本未入其門，實在沒有資格寫小說論文的。又說唐只讀〈導論〉一章，便貶低夏一生治學的成就，真正是「豪氣十足」，如同當年兵困垓下的楚霸王一樣，注定成為悲劇英雄人物。夏說唐全憑記憶寫文章，偏偏記性不好；同時油腔滑調，不查資料，如何能寫學術論文。

第四節講「引文」用省略號，會引起讀者懷疑。唐文即是如此。唐引用夏文三句，用了幾次省略號，使其首尾不全，是用過一番心計的。夏說唐看似老實，卻也會暗算人的。夏隨即將唐省略的那段原文列出，並說明他當年對小說藝術的看法。夏認為現在的批評家容許各種形式的小說共存共榮，但真正好的小說家是個具有「匠心」、「統一的人生觀」和「獨特的風格」的創造者。

夏說文學領域如此廣闊，勸唐多讀幾部狄更斯、托爾斯泰等西方名著，這將對《紅樓夢》有更進一層的認識。清末民初桐城派古文大家林琴南（筆按：即林紓，生卒年1852–1924，福建閩縣人），請人為他口譯西方小說，然後筆之於書，對西方小說成就讚不絕口，就是一例。唐故意刪削原文，控夏污蔑中國小說，是不對的。

第五節講唐刪略原文的目的，旨在讓讀者相信夏是一個「人品不正，人格可疑」的評家，所以也寫不出什麼值得信賴的文學批評。夏為「蘇州人」和「蘇州話」作解釋，說他從未用「蘇白」寫過書評，而自己的蘇州話也講不好。寫《九尾龜》小說的張春帆是常州人，而非夏之「鄉賢」。唐以張著影射夏為「急色西化的美國教授」，被夏識破，大加鞭伐，讓讀者明白「急色」與「西化」之間並無關係。

第六節講辜鴻銘（筆按：辜為福建同安人，生卒年1856–1928，曾任教於北京大學）留學西方，英文極好，但思想頑固，一面衛道，一面蓄妾嫖妓。又講唐如此留戀過去，維護傳統，真可做辜鴻銘的後裔。夏批評唐文大肆宣揚「小腳」、「辮子」這類舊社會的象徵品，而自稱係用「社會科學方法」來處理《紅樓夢》。其實，這種帶有「遺老、遺少」狎玩式的研究，既不足以自豪，亦不值得自傲！

第七節講評論小說非易事。夏主張研究小說，也應該注意作品與人生、社會、政治和思想互為因素的關係。夏本人研究中國小說，不僅注意「中國社會發展史」，而且涉及其他值得重視的任何事物，故自己非「八股」，而是反對「八股」者，是唐怪錯人了。

夏為了反駁唐說他是「全盤西化」的「洋八股」，不能欣賞《紅樓夢》，乃舉出夏著

《中國古典小說》第七章〈紅樓夢〉。夏在章前即稱《紅樓夢》為「中國最偉大的文學作品」。夏說自己一面審視《紅樓夢》為中國傳統文化的產物，一面評讀很多西方文學作品，所以比一般人評《紅樓夢》深入。夏說唐用「社會科學方法」處理「紅學」，只說些小腳與辮子，就顯得很無聊了。

第八節講唐認為用西方審美標準來衡量林黛玉，她是不及格的。夏說西方標準並非以瑪麗蓮夢露為標準美女，奧黛麗赫本亦紅極一時，卻是個平胸女子。夏說魯迅認為林為「一副瘦削的癆病臉」，並不在意她的「三圍」；反諷唐只看「三圍」。夏又批評唐寫的〈梅蘭芳傳稿〉一文，用「生得明眸皓齒，皮膚細膩白皙，指細腰纖，真是渾身上下，玉潤珠圓」來形容梅蘭芳，並不像是受過史學訓練者所為。要言之，唐寫的「中國小腳」和「梅蘭芳傳」均不能登大雅之堂。

第九（末）節講唐文的政治用意。唐文用「全盤西化、敵視傳統、海外極右派」貶語，評夏治中國小說，實在是腦筋太簡單。夏說唐去大陸開會，酒席吃多了，人情債欠多了，所以回來著文立說，一味討好大陸官方，才是淺薄可笑。夏說自己在政治上堅決反共，但治學則一心一意，以文論文，從不在乎作家的政治立場。

夏說《小說史》深受大陸學者注意，流傳很廣，有些作家如沈從文、錢鍾書、吳組緗、端木蕻良等，對夏既感激又尊敬，並非唐所謂的「極右」而不敢接近。夏說唐夠「進步」了，毛當權時，他不敢批毛；毛去後，他才動筆總論毛的功過；而後，又絕對擁鄧，讚揚其新政，說大陸飛速進步，引得海外學界同仁說他犯了「政治幼稚病」。

夏說自己沒有必要為了接受大陸邀請，回去開會、講學，表示「進步」。夏又說為了保持骨操和做人原則，也絕不會學習唐氏的「進步」。夏諷唐有「福氣」：蔣委員長做過他的校長，自稱「天子門生」；胡適則是他的「恩師」。可惜的是，唐並未從這兩位大人物身上學到什麼東西。夏說唐為了參加大陸舉辦的國際紅學會議，寫了篇急就章的東西，攻擊胡適老師和夏志清老友，藉以討好大陸官方，可說是愚笨之尤！

唐再猛攻夏收兵

唐德剛滿以為說「吳儂軟語」的蘇州人，「硬」不起來。但是，夏從小讀教會學校，一直到大學畢業，受了西方「圓桌武士」文化的影響，懂得如何對「文敵」迎頭痛擊。

可以想像：唐讀到夏說他作文「輕浮草率、不查資料、錯誤百出、粗心大意、臉老皮厚、歪曲事實、顛倒是非、油腔滑調、用心計、暗算人、討好大陸官方、犯政治幼稚病、愚笨之尤」一長列的貶詞，必然是「火冒三丈」，憤怒不已！是可忍，孰不可忍也？於是，唐再揮筆，又寫了一篇長達一萬六千言、共十八節（兩倍於〈諫友篇〉的節數）的「大文章」，可以說是施出了渾身解數，集中了全部「火力」，向夏猛攻。

唐的大文，名之曰：〈對夏志清「大字報」的答覆〉⓫，包括1.夏志清的「大字報」；2.自罵和自捧；3.瘋氣要改改；4.學問倒不妨談談；5.以「崇洋過當」觀點貶抑中國作家；6.學界姑息養奸的結果；7.崇洋自卑的心態；8.對「文學傳統」的違心之論；9.社會科學上的常識；10.從宏觀論「左翼作家」；11.宏觀下之「右翼」與「極右」；12.也談談《塊肉餘生述》；13.好萊塢電影算不得學問；14.紅學會議的資格問題；15.紅學會的性質和意義；16.為林姑娘喊話；17.為梅郎除垢；和18.做人總應有點良知。洋洋灑灑，耗盡心血。

唐的大文用「極其下流」、「無恥文人」開其端，「火藥味」之濃，眼一觸即知。「文」

⓫ 唐德剛〈對夏志清「大字報」的答覆〉，載《傳記文學》一九八六年十月號，頁一二三—三一。

雖長，但「可讀性」不高。今錄四段於後，供讀者評閱：

錄一

夏志清並不簡單，真把他當成瘋子，就太小看他了。但多少年來，我也曾感覺到他的行為有點不可解，因為夏先生的「瘋」，是因人而異的。在哥大某些權威人士（當然是白人）之前，他總是馴如佳兒，靜如處子，未見他「瘋」過一次。對某些華裔朋友，他也只是背後嘀咕，當面絕少輕言妄動。

錄二

夏先生是我所知道的文學教師中，最自尊自大的一位。只許他罵人，不容人批評他。他曾公開宣稱，他的論述是「絕對碰不得的！」天下那有這種事情呢？可是，大家都知道夏先生的個性，也就不願多事了。嗚呼！這也是我們民族文化弱點之一吧。

大家專講好聽的，怕得罪人。而洋人批評家，又有誰願意反駁崇洋之論呢？於是，「好評如潮」，「盛譽不衰」，夏子就飄飄然，不知身在何處了。

錄　三

夏志清先生幼年及青年興趣幾全為西洋讀物與好萊塢電影，對「五四」前後之中國文學作品甚少接觸，對上海租界以外的社會狀況與事事物物亦不甚了了。中年治《中國小說史》於海外，始讀二、三十年代之作品，竟以西洋觀念，私評數家前後不成體系之小說而拼湊之，竟名之曰「中國現代小說『史』」！

錄　四

因此夏先生的華裔朋友們知道他的心態，也知道他這種心態由文學思想化為人生哲學的經過，總想幫助他，啟發他，勸他稍學「開明」，自習「進步」。誰知道夏教授竟把「開明」、「進步」這些好名辭（詞），一股腦兒都奉送給共產黨⓬，而自甘為「不開明」、「不進步」，甚至以「落伍」為榮，以「反動」自譽，真令人啼笑皆非。

唐最後勸夏「今後做人，要保留點王陽明所說的良知」。

話說到此，似已講盡，無需再「炒冷飯」，或搬出「陳年舊賬」。夏也是見「好」即收，掛出「免戰牌」，不再與唐纏戰不休。於是，一場怵目驚心、古今中外罕見的筆戰，至此才告一段落。

觀戰者側評

一九六四年二月初，筆者由倫敦轉到紐約，一面在哥大教育學院攻讀高等學位，一面在華人洗衣店打工，每天疲於奔命，苦不堪言，挨了三個學期，才拿到碩士學位。由

⓬ 唐在上文第三節說夏在公眾場所向唐大吼：「你這個『共產黨』到這兒來幹麼？」筆者在此特別指出，供讀者對照參考。

於我和美國教授Ralph Fields和Walter Sindlinger保持良好關係，又特意和胡昌度教授接近，向他學習和請教，終於順利地找到工作，通過博士筆試，和撰寫博士論文。

時至一九七〇年，以臺灣留學生為主的美國華人，掀起了「保衛中國領土釣魚臺運動」（簡稱釣運）。當時的哥大變成了「釣運」的大本營。我一面忙著撰寫論文，一面和友人主辦「認識中國演講會」，一面也被「釣運」熱流捲入，被選為哥大研究生代表，成為「核心人員」之一。眼見左（親共）、中（獨立）、右（親臺）三系人馬，合縱連橫，非常熱鬧。等到我找到教職、成了家和有了下一代，接著完成博士學位，社會活動才逐漸地減少，而獨立思考的能力與日俱增，這才看清楚包括中國情況在內的世界大局。

我從七十年代初，即認識唐德剛教授。那時，他第一次訪華歸來，照了錄影帶，我們就請他來教育學院放映給大家看。放映後，夜色已濃，他還請我們到他家裡坐坐，喝茶聊天。後來，唐和我便成「朋友」了。他為拙編《三地書》⓭寫了篇精彩的長序，助我化解了與臺灣的隔膜，至今仍令我心感不已！至於夏志清教授，我當然久聞大名。但是，在一九八七年秋季正式交往之前，我只和他在偶然的場合見過兩次。一九八六年十

⓭ 殷志鵬編著《三地書》（臺北傳記文學出版社，一九八四），一二九頁。

月十三日，我寫了篇〈筆戰側評〉，刊在紐約《北美日報》。那時我連唐、夏的姓名都不敢提，害怕得罪人。今將全文錄出，供有興趣的讀者審閱：

美東有筆戰。交戰雙方都是知名人士，都是美國常春藤盟校「出產」的博士，都是將屆（或已屆）退休之年的紐約大專學校正教授，且都以「文豪」自視。真可謂：「棋逢敵手，將遇良材。」這樣的筆戰當然是難得一見的。因此，筆者可以斷言：無論「戰果」如何，此戰必將載於海外華知「青史」，而廣為流傳無疑！

筆戰如野戰，皆有導火線。這次甲、乙兩教授（這裡姑隱其名，但大家都知道他們是誰）之戰，亦無例外。緣自甲於今年三月寫了篇〈海外讀《紅樓》〉的文章，指名道姓地提到乙，並加以「冷嘲熱諷」地批評一番，甚至於也殃及其兄。於是，乙便在「忍無可忍」之下，於六月撰〈諫友篇——兼評批×××「海外讀《紅樓》」〉，予以痛擊。接著，甲於九月又寫了篇長文〈對×××「大字報」的答覆〉，算是再過一「招」。這三篇大約長有五萬字（請參閱《傳記文學》一九八六年五、八、十月號三期）的文章，既像在海外華人文化界投下一顆「原子彈」，使人感到震撼、感到意外、感到驚奇；又像「兩個頑童」忽然翻臉，扭打一團，使人感到無聊、感到幼稚、感到可笑！

俗謂：「相罵無好言」，一點不假。這兩位一向受人敬仰的「大教授」，在文字中，互揭瘡疤，互攻弱點，簡直到了「祇求目的，不擇手段」的地步，實在令人讀後扼腕嘆息不已！看，一方以「臉老皮厚」、「輕浮草率」、「歪曲事實」、「淺薄可笑」、「政治幼稚病」、「討好大陸官方」與「海外之『無恥』者」相識；另一方則用「瘋瘋癲癲」、「姑息養奸」、「趾高氣揚」、「崇洋自鄙」、「不倫不類」、「陷入極右牢籠」與「下流的謾罵」相詆。看到這些惡劣的字眼，出現在兩位自稱有「二十四年交情」的名人筆下，就知道雙方「交鋒」的嚴重性了。

然而，就在雙十國慶的晚上，這兩位「文敵」竟在二、三十位文友歡宴「遠客」（按：指來自臺灣的《傳記文學》社長劉紹唐先生和來自大陸的作家蕭乾、文潔若夫婦）的酒席上，同時出現，握手擁抱，喝「交臂酒」，行「吻面禮」，言歸於「好」，使在座的主、賓友人，大飽眼福，爆出哄堂大笑。這使我聯想到當年英國兩位諧星勞萊、哈台那些令人噴飯的表演（甲、乙似較他們小了一號）！

當場目睹此一「鬧劇」的兩位女士曾起立發言。一位讚揚甲、乙「胸懷開放」，從今「天下太平」；另一位分析「爭題」（issue）（指西化與傳統、治學方法和對中國小說看法三爭），大作文章（按：乙當場宣稱這次筆戰無爭題）。其實，據個人對甲、乙兩方的了解而言，我認為他倆之所以「惱羞成怒」、「惡言相向」，絕不是一時「興起」，而是受久藏心底的歧見所觸發的。試分析如下：

1. 為「盛名之累」而爭：常言道：「一山難容二虎。」此虎，文虎也。美東文壇在臺、美、港報刊的慷慨「資助」下，非常繁榮。甲、乙兩位皆當今海外之「文豪」，故在各報、刊爭相約稿的情形下，自然而然地發生「利益」衝突。於是乎，雙方或藉評人論事、或因說古道今、或以邀此拒彼而發生筆墨官司，也就不足為奇了。

2. 為「中國情結」而爭：海外華知的「中國情結」，因海峽兩岸的政治分歧而複雜化、情緒化、粗俗化。真是：「剪不斷，理還亂。」甲、乙都是二十年代生在中國、現居紐約的華人高知。一個是「堅決反共」；另一個「反毛擁鄧」（故被疑為「親共」）。這樣的「朋友」，當然是貌合神離。如果一方不自約束，公開的文字衝突，自然難免。

3.為「憐香惜玉」而爭：中國傳統文人一向有「憐香惜玉」的書呆子作風。這可從一大堆中國詩詞、歌賦、小說、傳奇、戲劇、繪畫中找到證明。甲、乙雖皆為現代「西化」文人（都有向認識的「才女」行西方擁吻禮的習慣），但都受過中國文藝的洗禮，因此不論其家庭背景如何，「憐香惜玉」的情懷早已根深蒂固。所以，他們能為《紅樓》不惜一戰，因為《紅樓夢》為中國愛情小說的「聖經」，而「姑蘇美人」林黛玉又是書中的第一女主角，當然值得一「爭」了！

行文至此，筆者不得不在此再三強調：培養文人不易；而培養一個通古今、貫中外的現代文人，更是不易。是故，一方面我覺得我們生逢這個動盪的大時代，結解個人恩怨，常在一念之間，應該謹言慎行才是。另一方面我要奉勸大家鄙棄「文人相輕」的舊傳統，而代之以培養「文人相重」的新作風。這樣，我們才能攜手前進，為爭取海外華人權益、促進中國民主自由而努力！

這篇「小文」寫於十四年前，到今天仍用得上，完全是因為其中的「觀點」與「論點」仍站得住。這是很不容易做到的事情。因此，我除了慶幸自己對人事問題的剖解具有「眼光」（vision）之外，也要藉此機會強調：吾人必須慎於為文，一本就事論事、不偏不袒的公正態度，才能體會出「文章千古事，得失寸心知」的微言大義。

兩次筆戰比較

顏夏筆戰導自錢鍾書的《談藝錄》；唐夏筆戰起於曹雪芹的《紅樓夢》。夏為追念友人治學功力，而推介《談藝錄》，遭到顏的批評；唐為參加國際紅學會議，藉討論《紅樓夢》而批評夏氏兄弟。夏在這兩次筆戰中，都是被迫上陣，應無疑問。

顏在美國拿到比較文學博士，教大一英文，批改作業，不勝其煩，乃毅然決然隨著「革新保臺」大軍，回臺發展，辛苦經營，做到外文系主任，一直到文學院長，真正是春風得意，星光四射。是時正值臺灣學界新（西方）舊（傳統）交替，競爭劇烈，實因牽連到一系列職務、地位、等級、報酬、學風、文風及體制改革等問題。當「返臺服務」的顏，看到「海外做寓公」的夏在臺灣報刊發表的文章，對臺灣文學研究指手劃腳，評張說李，自然會引起反應。可惜反應過頭，引起還擊。這是國內與國外同行學者筆戰之一例。

唐在哥大名校拿到歷史學博士，未能如願在母校爭到永久教職，反被「下放」到紐約市立學院任教，自然心猶不甘。而夏係耶魯大學英文系博士，半途出家，改研中國現代小說史與中國古典小說成功，獲得哥大中國文學教授終身職位，平步青雲，名揚中外。唐、夏同在紐約，一個失意，一個得意；一個土腔土調，一個洋里洋氣。表面上兩人稱兄道弟，老朋老友；骨子裡卻是異見紛紛，而口頭上的爭鬥早就時有所聞。一方受邀參加紅學會議，一方未被邀請。一方乘機攻擊，一方大力還手。這是海外華人學者之間筆戰之一例。

兩次筆戰的三方，雖然都是為了「書事」而爭，但是，當事人的處境與想法，如排斥外來影響、發洩嫉妒情緒、維護學術（者）尊嚴等等，可能才是兩次筆戰的真正原因。

二〇〇〇年十二月十七日稿成紐約灣邊，原載二〇〇一年六月《傳記文學》。

附錄：右手與左手猜拳

——記巨匠唐德剛訪名家夏志清

湯晏

唐德剛與夏志清都是很風趣的人，他們文如其人、人亦如文、才華英發、天真爛漫。兩人都愛說笑話，且是幾十年老友，開起玩笑來，損來損去，一點也不保留。聚會的場合，祇要有他們在，就一定很熱鬧。

上週末在唐人街參加一個文藝小聚，與他們同席，席間談笑風生，熱鬧非凡，是意料中事。因此想起幾年前隨唐德剛登門拜訪夏志清，也是熱鬧風趣兼而有之。我講給女主人聽，女主人說為什麼不寫出來，讓大家同樂。寫就寫，可惜吾筆太拙，不足狀其聲貌。下面是根據我的舊日記寫成的雜記。

一九八一年秋，大陸紅學家馮其庸路過紐約，十一月十五日紐約文藝中心在「全家福」設宴款待，餐後唐德剛帶他去見「地頭蛇」夏志清，我也跟著去，同行的還有二位詩人。

未抵夏寓，夏先生已在門口迎迓。他住在二樓，我們走樓梯上去。寓所很大，客廳也寬敞，壁上掛有幾幅沈尹默及溥心畬的書畫。客廳通書房。久聞夏志清藏書甚富，名不虛傳，書桌四壁從地上至天花板全是書，地板上也是，幾乎到處都堆滿了。進了書房頓感如置身書城。書房裡置有一榻，想是讀倦時臥息之用。我們甫坐，夏太太王洞女士出來，夏先生為我們一一介紹後，隨即忙著端水果、泡茶。茶很香，尤其是在餐館裡喝了幾口茅臺之後特別口渴，喝口清茶，倍覺清香可口。夏太太與大家寒暄幾句，即帶小妹妹進去休息。留下我們大口喝茶，大聲講話，特別是唐德剛聲音最大，話最多。

他首先找夏志清大開玩笑。問我們知不知道二十多年前，他與夏志清初次會面情形？唐德剛說，當年夏志清剛來哥倫比亞大學教書，一日帶了一位女士至他辦公室敲門，自報姓名：「我是夏志清，新來哥大教書的。」夏志清說完就在書桌前坐下，但隨來的那位女士一直站著，唐德剛說：「我想此媛一定是夏太太了，就站起來拉著椅子說：『夏太太，請坐』，這位女士連忙說：『我不是夏太太，不是夏太太』」。

這個故事剛說完，他又說了一個關於夏志清結婚的笑話。當年夏志清與王洞女士在紐約最大、最豪華的旅館Plaza Hotel（現已更名）舉行婚禮。婚宴中夏志清對這家氣派不凡的名旅館，讚不絕口，興奮之餘，他轉過身來對唐德剛說，「下次結婚再到這地來。」唐德剛講完，大家即哄堂大笑。

夏志清也很會說話，當然不會放過唐德剛。夏志清說唐德剛怕太太，怕得不得了。有一次在一個朋友家吃飯，飯後唐德剛與另一位怕太太的朋友躲在一角，小聲地談著「How to Murder Your Wife」（是一九六五年攝製的電視劇「如何謀殺妻子」，由大明星傑克李蒙主演，曾轟動一時——作者註）。夏志清說：「我一聽嚇壞了……」又說不管怎樣，唐德剛就是「殺妻會」的會員。唐德剛默不作聲。但後來又理直氣壯地說：「我們安徽合肥人，自李鴻章、段祺瑞以下沒有一個不怕太太。」

夏志清拿他沒有辦法，乃揭發唐德剛是小資本家的真面貌：「他有汽車、有洋房，不是小資本家是什麼?」唐德剛沒有搭腔，隔了一下，我說：「夏先生，你藏書很多。」他說：「書很便宜，但唐德剛的汽車洋房就很貴了。他有三部汽車，一個輪胎可以買不少書，以前汽油最貴的時候，一滴汽油就可以買一本Paperback。」眾大笑。

夏志清語音未了，唐德剛已指控夏志清說：「夏志清是學閥。」夏辯解說：「我不是學閥，是學者，我做我的教授，又沒有什麼特別的政治立場，只是堅守原則而已。上次歡迎丁玲茶會，我沒有講話，因為我不想講。」又說：「唐德剛不像是個學者，也不像是個教授。」像什麼呢？夏志清欲說又止，當然不是好話。但唐德剛不以為忤，從容接下去說：「我是焦大。」又指夏志清：「你是賈政。」據我所知，唐德剛很喜歡《紅樓夢》裡的焦大。有很多場合，他都自稱焦大，我想原因無他，焦大乃英雄人物是也。而賈政，卻是個偽君子。

這時唐德剛到廚房去打電話，夏志清看看他，搖搖頭，無可奈何的說：「一個人有了這樣的朋友，那裡還需要敵人？」

唐德剛忙打電話，我們轉移話題，有人讚賞壁上掛的沈尹默的字。沈尹默的字是有名的，號稱天下第一。大陸上以前出書，書皮封面題簽都是沈尹默的手筆，沈卒後則由郭沫若來替代，郭卒後為茅盾，茅盾卒後為誰？馮其庸曾說過，可是我忘掉了。

不久唐德剛從廚房裡出來，聽到我們談郭沫若，說他於一九八〇年訪大陸，看到很多郭沫若題的石碑，太多了，令人討厭。話題因而轉到郭沫若的為人，郭當初歌頌史達林為紅太陽，毛澤東聞之不悅，所以又作詩來歌頌毛澤東為紅太陽。天本無二日，如今卻有了兩個太陽。後來江青看到也不高興，郭又作詩歌頌江青，結果窮於應付。到了晚年，詩也作不出來，但還得作，甚是痛苦，好可憐！說完唐德剛乃口占一絕，詩云：

太陽一句記猶新
騷客空留石上名
四大厚顏稱第一
最憐卿本是佳人

最後談到毛澤東時，唐德剛大發詩論，說毛澤東早年的詩詞也談不上什麼好，〈沁園春〉是詩以人傳，不過倒還像一個中學國文教員寫的詩。可是到了晚年，連放屁等粗話都入了詩詞，真叫人不忍卒讀了。

談完毛詩詞已快半夜十二點，我們乃告辭，夏志清送至樓下大門口，目送我們一一上車呼嘯而去。

返寓後，我一直想起唐德剛與夏志清這二位可愛的人。李耳對孔丘說：「良賈深藏若虛，君子盛德容貌若愚。」唐、夏就是這樣，他們不擺教授架子、大師姿態來裝腔作勢。而兩人間的交誼，則是「文人相重」的另一類型，足可楷模四方。我看天下多幾個像這樣的人，太平盛世就不遠了。

本文原載一九八五年三月三十一日《中國時報》人間副刊；《傳記文學》一九八六年八月號選載。

夏志清參加文聚的記錄

忙人也需要朋友

夏志清教授是個「大忙人」。可貴的是，他雖然忙得不可開交，但是，衹要他能脫身——偷得浮生半日閒，他是一定會參加我們紐約文友聚餐活動的。當然，他不可能每次都參加，有時答應參加而未來，我們都會體諒他，從不與他斤斤計較，所以他才樂意和我們接近。可是，衹要他一出現，餐敘的氣氛就會完全不同，大家總會被他的中、英文連珠妙語逗得、樂得笑聲頻爆，真能驚動鄰桌的客人哩！

筆者有幸定居紐約，又有幸結識了許多文友，並且獲得他（她）們的信任，擔任起「文聚」的聯絡人。有時一個月，有時兩個月，又有時三、四個月，或者半年，我們這

左起：陳小瀅、夏志清、王蒙、崔瑞芳夫婦合影。
作按：陳為已故學人作家陳源、凌叔華夫婦之獨女。
（一九九八年三月一日，殷志鵬攝於紐約）

誰能解讀王丹T-shirt上的文字符號？
左起：王丹、夏志清、王洞、馬克任、陳楚年。
（一九九九年七月，殷志鵬攝）

群以紐約為基地的華人文友，有年輕的，中年的，還有已經上了年紀的，首先經過一、兩人提議，然後才選定日期、時間和地點，接著便是分頭打電話（有時也寫信）邀請。一般都由我負責接洽飯店，做些必要的準備工作，務必使參與的文友吃得、喝得、談得開心。此外，個別發表（出版）的作品（書、刊），以及文界的資訊，也藉著大家相聚的機會而進行交換。這種物質（指佳餚）上共享與精神（指書刊、友誼）上互勉的「文聚」，益己益人，所費又不多，故而能得到大家的長期支持。

為了大家的方便，文聚的地點選在曼哈頓華埠大上海飯店。這裡，華人密集，無論從曼哈頓上城，或是從布魯克林、皇后區來，都很方便。除了餐敘之外，亦可逛書店、會朋友、購日用品、買果菜，甚至於也可參加其他的文教康樂活動，真是一舉而多得。另外，到中國城走走，黃膚黑髮的華人同胞到處都是，看看他（她）們熙熙攘攘，熱鬧非常，心中原有的「鄉愁」，常會一下子就飛得無影無蹤。

四次難忘的文聚

我們的「文聚」，通常都在週六或週日的午餐時間，從中午十二時三十分開始，到下午兩、三點鐘結束。根據我手邊的袖珍年曆記載，從一九八八年八月十四日，到二〇〇〇年六月四日，夏志清教授一共參加了二十八次文聚活動，而其中有四次最令人難以忘懷，值得記下，以廣傳聞。

1. 十鳥朝鳳

錢歌川先生（1903–1990）生前是我的忘年交。他在生命旅途中的最後兩年，經過文友湯晏介紹而和我認識，也就順理成章地成為文聚的會員。那時，曹又方仍在紐約。她是《中報》東西風副刊的主編，又是「左手寫小說，右手寫散文」的能手，故無論是「拉稿」，或是「交友」，參加週末的文聚，都對她有益而無害。

猶記一九八八年八月十四日上午十時三十分，我從灣邊駕車，先接在附近法拉盛住的錢老，然後順路去傑克森高地七十八街接曹又方。那天，曹打扮入時，引人注目。三十分鐘的車程，三個人在車上閒話幾句，大約在十二時左右，我便開到唐人街。我讓錢、曹在大上海飯店門前下車，然後去找泊位。

十鳥朝鳳圖。

右起：秦松、夏志清、朱晨光、湯晏、董鼎山、曹又方、彭邦楨、錢歌川、郝毅民、楊曉樂。（殷志鵬攝）

那天的餐會，除了錢、曹和我之外，又來了夏志清、董鼎山、郝毅民、彭邦楨、楊曉樂、湯晏、朱晨光和秦松。十男一女，可謂陰衰陽盛。點完菜後，打開話匣。第一次出席文聚的夏，眼快口快，先發制人，以「十鳥朝鳳」比喻當天餐會，引得大家笑逐顏開。

為什麼這些舞文弄墨之士聚集在一起專講些飲食男女「本能」一類的事務呢？回答這個問題並不難。愚以為「本能」與「下意識」（又稱「潛意識」subconsciousness）密切相關。易言之，「本能」與個人日常生活經驗——包括過去與現在——最密切，也最直接。加上人類在這方面累積了大量的資料，通過感官吸收後，口耳相傳，特別容易。同時，人類對此似有了無止境的興趣。於是乎，「本能」變成文人飯局的話題，便不足為奇了。

2. 七十壽慶

夏志清教授生於一九二一年二月十八日(農曆元月十一日)。一九九一年二月十六日，我們一夥老、中、青文友，歡聚一堂，為夏的七十大壽慶生。

當天中午，冬陽高懸，寒風凜冽。紐約華埠大上海飯店，先後來了十三位興高采烈的文友：彭邦楨、夏志清、董鼎山、沈善鉉、殷志鵬、朱晨光、湯晏、王渝、叢甦、李斐、顧月華、嚴力和王屏。

叢、顧兩位「美食家」負責點菜。選了酒席，又加名餚。上菜前，杯觥相接，妙語頻傳。壽星輪流與在座者照相，忙得團團轉。我端起相機，大照特照，不亦樂乎！一會兒工夫，白葡萄酒飲盡。大家換上Scotch，加上冰塊，繼續碰杯。酒烈加采烈，一個個頓時變成關雲長的「後裔」。於是乎口無遮攔，文人間的韻事秘聞在席間此起彼落，真正是大飽耳福！

七十壽慶，歡聚一堂。
前坐左起：沈善鋐、王渝、董鼎山、夏志清、叢甦、彭邦楨。
後排左起：朱晨光、湯晏、王屏、顧月華、嚴力、殷志鵬。

菜上後，冷熱葷素，山珍海味，一道接一道，令人大快朵頤。此時，坐在「金童」（指嚴力）、「玉女」（指王屏）中間的壽星酒興大起，對著我連呼：「Roc! Roc!」我亦高興得無以復加，和他連連碰杯！

最後，兩盤壽桃端上桌來，氣氛更形熱烈。夏壽星一手端一盤，坐在紅底金壽字下，和大家拍照留念。照畢後，才各就各位吃壽桃……

這次壽宴十分成功。每位參與者均盡了心力，才獲此碩果。從另一角度看，壽宴亦使飄零的花果，達到精神上互援、物質上共享的特殊功能。

3. 八仙過海

一九九一年八月十八日（星期日）的那次文聚，我覺得亦有必要記錄下來。

那天，天氣晴朗，溫度適宜。雖有颶風逼境預報，卻無一點威脅跡象。我在預定時間自灣邊出發，經法拉盛綠點銀行，準備載文友趙繼康同去華埠參加文聚。因不見人影，故停車稍等。誰知一轉身工夫，被機動巡警發現違規泊車。當我走過去申辯之時，他已把罰單寫好，順手放在車前風擋上後，便御風揚長而去。我拿下來一看，二十五元是罰定了。一時心中頗為懊惱。但想到「責己者心寬，恕人者心窄」的金玉良言，還是保持心寬為佳。在超過約定時間十五分鐘，仍不見趙來，於是駕車自去。這樣也好，以後對搭便車而失約者要加倍小心，以免「重蹈覆轍」！

由於我是餐會「聯絡員」，故最先抵達大上海飯店。接著夏志清駕到。夏五月自哥大退休後，一直忙於搬家。那天，他抽空前來，真令我高興。因為他妙語連珠，口沒遮攔，有他在，一定滿桌生「春」，笑聲不絕！

繼之而來的有董鼎山、彭邦楨、楊曉樂、秦松、李斐和王屏。好極！七男一女。真正是：八仙過海，各顯神通。

頭戴草帽、著花格洋裝的王屏一出現，立即變成注意的焦點。由於她年紀最輕，又是「壓陣」，故而請她點菜。雙份小籠包、雙份素蒸餃、豆腐、涼拌粉皮、炒蝦仁、紅燒魚和素鴨，滿滿一桌。外加青島啤酒。這一頓午餐，大家吃得、飲得、談得非常愉快！

「文聚」的主要功能，當然不在吃、喝。在於交換作品、傳達文訊、增進友誼和鼓勵創作。例如：李斐將他自費出版的《詩稿第一卷：一九八〇—一九九〇》分贈在座文友。彭邦楨則將新近在臺灣出版的《詩象》（創刊號）當場一一簽送。而我亦將第四期*OUR PEN*交給王、秦兩位撰稿人作紀念。同時，又收到楊曉樂英詩兩首和王屏英譯李斐詩一首，作為第五期稿件。董鼎山則將《毛澤東和他的女人》作者京夫子真面目揭開，使大家耳目一新。秦松參加「紐約—臺北」集體畫展歸來，揚言三年後，可能返臺定居。這樣地交流文訊、分享作品、鼓勵創作與出版，使我們這一夥在海外飄零的「花果」，獲得精神上無限的滿足。

4. 八十壽宴

詩人彭邦楨生於一九一九年八月二十一日，是現存的文友當中最年長者。一九九八年初，他九死一生地「逃過」醫生手術刀的劫難，在家人和友人春暉般地照顧下，竟然慢慢康復，繼而出來走動，並和友人恢復餐敘、唱和的雅聚。筆者和詩人相差十四歲，交往已有十六、七年。幾年前，我曾經在他面前許諾：到時要夥同友好，為他慶賀八十大壽。

一九九九年七月，紐約天氣反常，熱得人不敢輕易外出。但為了給老友祝壽，天氣再熱，也要籌劃。七月二十一日，距離壽辰恰好一月，我和幾位文友餐敘，藉機討論場地、費用和邀請名單。經過了幾番轉折，選定「物美價廉」的華埠Holiday Inn。

在邀請的二十人當中，包括了紐約華人社區知名的學者、詩人、作家和畫家。一位文友「好意」地將祝壽的日期、時間、地點，公佈在華文報上，教人擔心到時無法控制座位，甚至會受到記者的干擾。另一位文友「心血來潮」，竟然邀請一位不在名單之內的「女友」，而這位女友正是另一位文友的ex-wife。幸好，這位「文友」在知悉情況之後，藉故缺席，因此避過一場可能發生的狂風暴雨……

參加八月二十一日（星期六）中午壽宴的文友有二十二人：彭邦楨、謝青、叢甦、夏志清、湯晏、董鼎山、戈揚、馬義、殷志鵬、汪曉慧、鄧泰和、吳義方、韓湘寧、朱維亞、張耳、陳楚年、姚慶章、姚立民、王渝、任瑋琳、顧月華、楊曉樂。

十二時五十分，我以「聯絡人」身分義不容辭地講了幾句開場白：

各位文友：請准許我講幾句話。美國男人平均壽命是七十三歲，女人是七十九歲。這兩項記錄，今天被我們的詩人老友邦楨兄打破。現在，我提議：大家一齊舉杯，向他祝賀：生日快樂！邁進二十一世紀!!今天的餐會希望能達到兩個目的：一使壽星高興，二使大家開心。因此，在座的每一位文友都有表演的機會：讀詩、唱歌、談交往、說笑話、跳舞或扮笑臉等等，請以三分鐘為限……

接下去，讀詩者有之，唱歌者有之，講笑話者有之，談感想與交往者亦有之。而佳餚美酒，杯盡壺傾，友情激揚，滿室生春，人間樂事，莫過於此。最後，壽星也獻出看家本領，演讀他平生最得意的詩篇，贏得了滿堂彩！

不過，席間有一遺憾，那就是「三分鐘的表演規定」，像「緊箍咒」一樣，把喜發驚言妙論的夏志清教授限制住，以致於讓他不能像平常一樣地靈機一動，暢所欲言。

文聚持久的特質

以文會友，以友輔仁。這句古語，道出我們紐約文友——包括夏志清教授在內——共同追求的人文境界。而「文聚」便是達到這種境界的一種親和手段。

我們的「文聚」能持久，自有其特質：

第一是文人的特質。文人不甘寂寞，自古而然。文人除了「寒（雞）窗苦讀」之外，最重要的收集資料、觸發靈感的方式，便是遊學四方，結交名士。因此，文人相聚，杯觥接碰，談笑風生，便有其必要了。

第二是文學的特質。文學的表現以「抒情」為主。這就聯繫到文人之間的感應和欣賞特質。一篇作品，猶如一個生命。發表一篇作品，無論是詩、是文，或是小說、戲曲，猶如誕生一個嬰兒。這個「嬰兒」的成長，要靠「欣賞者」（讀者）的愛護，才能茁壯。

文人之間的互相欣賞和互相支持，是促進「新生命」（新作品）孕育的動力。

第三是文化的特質。中國文化重視師友之道。所謂「三人行，必有我師焉」、「雖有兄弟，不如友生」這一類古語，影響海外的中國知識分子既深且遠。反映到現實生活中，自然而然地會形成一種「向心力」，也就是文友之間的相互吸引力。

綜上所述，「文聚」是文人相重的體現，是人文生活的藝術面，即使忙人如夏志清教授，亦願撥冗參加，可知其重要性的一般了。

二〇〇一年元月十一日完稿紐約灣邊

七友評夏志清治學與為人

夏志清教授是當今名揚中外的文學批評家。在過去的四十年當中，被他評論過的中外作家和文學作品，可能多到數不清的地步。這，一方面在於他的博學、用功和細心，一方面也在於他的膽識、才華和眼光。兩方面如果缺一，都不可能達到像夏這樣展現出來的漂亮成績。但是，話又說回來，評人者，人恆評之。誰也逃不了這條金科玉律。對名家夏志清而言，當然亦無例外。

本文係根據筆者平時讀過的資料，將評論過夏的同時代名家或友好，除了在〈兩次筆戰〉文中提到的顏元叔、唐德剛兩位之外，彙集在一起，名之為〈七友評夏志清治學與為人〉。

一、宋淇　治學一絲不苟，發揚人道精神

已故的宋淇，原名宋奇，筆名林以亮（1919–1996），生前和夏交往了五、六十年，最了解夏的治學與為人，故列於「七友」之首。

夏曾在〈《林以亮詩話》序〉中這樣說：

> 一九三八年春，他（指宋淇）借讀上海光華大學，對英國批評界行情已相當熟了。先兄濟安是他光華同學，轉成好友。那幾年，林以亮每來我家聊天（濟安去內地後，同我獨聊），我總吸收到不少知識，知道些英國批評界近況。他借給我讀的書，諸如霍思曼《原詩》（*The Name and Nature of Poetry*）、李維斯（F. R. Leavis）《英詩重估價》（*Revaluation*）和墨瑞（J. Middleton Murry）的《濟慈與莎士比亞》（*Keats and Shakespeare*），時隔三十多年，至今印象猶深。❶

❶ 夏志清《人的文學》（臺北純文學，一九八四年三印），頁一七三。

由此可證，宋對夏一生治學的影響，在友朋中，無人能出其右。當夏於一九五一年十二月獲得耶魯英文系博士後，迫於形勢，從英詩轉到中國小說研究，宋利用人在香港的特殊位置，為夏提供大量的研究資料，卒使夏順利地完成其拓荒英著*A History of Modern Chinese Fiction*，而後得以進入哥大，名揚學界。是故，宋又是夏畢生難忘、永遠感激的一位友人。

夏認為宋在詩、翻譯和《紅樓夢》三方面有貢獻。夏在出版《雞窗集》前特別請宋寫序時這樣說：「我從不找人寫序，兄與弟相識最久，故有此請。」❷宋「受驚若寵」，全力以赴，寫了篇一萬二千多字的長序。今錄其中兩段，佐證宋對夏治學的瞭解：

他（指夏）從英國文學入手，自詩歌而詩劇，而小說，更擴展到西洋文學經典著作，然後轉折回來專攻中國古今小說，一面細讀，一面批注，數十年如一日。這一切努

---

❷ 林以亮〈稟賦・毅力・學問——讀夏志清新著《雞窗集》有感〉，載夏志清《雞窗集》（臺北九歌，一九八五年三版），頁八。

力再加上他紮實的學術基礎，一絲不苟的治學精神，和正統人文主義的文學批評家風度，使他成為研究中國小說的權威。

志清為學博大精深，當然是主流中的砥柱。他再從中國傳統文化中吸收了以儒家為主、以佛道為副的中心思想。在評論作家和文學作品時，他著重的不是技巧、象徵、神話等表面上的細節，而是作品深處的「感時憂國」和「悲天憫人」的人道精神。❸用一句話來概括宋之所說：夏治學一絲不苟，而其終極目標在於發揚人道精神。

二、劉紹銘　愛書如命，愛才若渴

劉紹銘是夏志清兄長濟安的高足。夏（志清）、劉初會於一九六二年印第安那大學比較文學會議上。兩人自此交往，至今將近四十年，也是人間彌足珍貴的一種友誼。

筆者和劉亦有一面之緣。一九九三年四月二十三日下午，哥大「夏志清教授現代中

---

❸ 同前，頁六—七。

國文學演講會」主辦人，邀請劉到我的母校演講。講題是：China Deconstructs: The Emergence of Counter-Tradition in Recent Chinese Writing（中國拆建：最近中文作品中反傳統的出現）。夏特意寫信給我，寄來節目表，邀我參加。會後，夏又請我作陪，在哥大附近一家中餐館宴請劉演講人，在座的除主人夏氏夫婦之外，還有王德威、李渝、叢甦、吳百益等人。

劉對夏最大的貢獻，是邀請了十多位好友，同心合力地把夏的英文巨著譯成中文出版❹，供中文讀者閱讀，並以編譯者的身分寫了篇長序。今錄其中幾行，說明劉對夏「愛才、愛書」的看法：

> 他（指夏志清）寫的東西，不論勸學也好，言志也好，總有一定的分量，所以作品一面世，就受到國內讀書界的重視。
>
> 夏志清是三天不讀書便自覺面目可憎那種人。他之急於立言，與他十多年來不斷扶掖後進心理相同。
>
> 如果夏志清是學閥，那麼他應該算是開明的學閥，因為他的確愛才若渴。

---

❹ 中文書名：《中國現代小說史》（臺北傳記文學出版社，一九七九）。

今天美國學閥不少，但如夏志清這樣不存門戶之見的，絕無僅有。夏志清在中國傳統和現代小說研究的經典地位，不但是他的門人和朋友一致認定，最難得的是，連政治上與他意見相左的年輕學者，也對他的學問和批評眼光表示佩服。❺

三、余光中　不僅有學問、見解和慧眼，而且有膽識，願把天才昭告於天下

余光中是詩與散文的高手。他也自稱：「右手寫詩，左手寫散文。」不過，他以詩起家，先入為主。詩人余光中的名字，還是比較響亮。

筆者與余，緣慳一面，但我喜歡讀他的詩。他的詩，有深度，有特色，並且講究用語，使人讀後有「恰到好處」之感。我也讀過他的散文集《逍遙遊》（臺北水牛，一九八六），載文二十篇。其中〈逍遙遊〉一篇，把天文地理、歷史文化、民族國家、個人社會、

❺ 同前，頁二一一—二一四。

東方西方、神話事實、國際人種各方面的知識和經驗融於一爐，表達了文學的浪漫主義，寫得確實很有氣派。

夏在一九七五年即將余光中和姜貴、白先勇並列為臺灣三大作家。這是夏、余文交之始。夏認為余在詩、散文、翻譯三方面均多產，是把臺灣詩介紹到西方的第一人，因此有重大影響。

余在張愛玲逝世後，寫了篇悼念文字，對夏「慧眼識英雄（雌）」大加讚賞：

一位傑出的評論家不但要有學問，還要有見解，才能慧眼獨具，識天才於未顯。更可貴的是在識才之餘，還有膽識把他的發現昭告天下：這就是道德的勇氣、藝術的良心了。所以傑出的評論家不但是智者，還應是勇者。今日而來推崇張愛玲，似乎理所當然，但是三十多年前在左傾成風的美國評論界，要斬釘截鐵，肯定張愛玲、錢鍾書、沈從文等的成就，到與魯迅相提並論的地步，卻需要智勇兼備的真正學者。一部文學史是由這樣的學者寫出來的。❻

❻ 余光中〈何曾千里共嬋娟〉（臺北《中央日報》副刊，一九九五年九月十五日）。

四、高克毅　言之有物，鍥而不捨

以「美語通」聞名遐邇的高克毅（即喬治高），是「七友」中最年長者。他祖籍江蘇江寧，和筆者是小同鄉。一九一二年生於美國密州安娜堡，三歲隨父母返國。一九三三年燕京大學畢業後，來美深造，拿了兩個碩士，自是定居美國。

高現年八十八歲，仍然著述不輟。他的《美語新詮》，以及一九九四年與弟克永合編出版的《最新通俗美語詞典》（香港讀者文摘遠東有限公司），吸引了很多讀者，幫助他們解惑釋疑，可謂功德無量。筆者曾從夏志清教授處借得此書，花了兩個星期，讀了一遍，還記下了二百八十二個詞語，供自己參考。

今年十月，我和內人返臺探親，內人特別將高的新著《一言難盡：我的雙語生涯》（臺北聯合文學出版社，二〇〇〇）購回。該書仍以討論中、英語文翻譯為主體，列出作者大文十二篇，再附錄包括夏志清在內的八位作者所寫的十二篇讀後，合成三輯，頗為可觀。

夏自稱在高中期間，即是高的讀者，因為當年寫親切有趣的美國報導，只此一家，並無第二人。夏到哥大任教後，不到兩三年，即和高成為好友。時至今日，兩人更是無所不談的至交了。夏認為高定居美國超過六十年，對美國歷史、政治、社會、文學、藝術、音樂，以及各色人種的方言、口語，瞭解之深，遠非一般博士、教授可望其項背。

夏早在一九七一年，即為高所譯的《大亨小傳》(*The Great Gatsby* by F. Scott Fitzgerald)，寫過書評❼。一九九五年，夏又為高的《美語詞典》寫了兩篇推薦文字❽。高對夏的推薦文字這樣說：「雖是應酬文章，由夏志清寫來總是言之有物。」❾又說：

> **志清兄以他鍥而不捨的治學精神和旁搜博採的行文風格，對《詞典》內涵偶有指摘，我跟克永弟兩個合著者深為感激。在條目和資料「取捨」方面，也就是英文所謂的**

---

❼ 夏志清《文學的前途》(臺北純文學，一九八〇年四版)，頁一八七—一九二。

❽ 〈高克毅其人其書〉和〈題內題外：電影、藝文、雜學〉兩文，載高克毅《一言難盡：我的雙語生涯》(臺北聯合文學出版社，二〇〇〇)，頁二二五—二六三。

❾ 《一言難盡：我的雙語生涯》，頁一三八。

sins of omission and commission（應該收的沒有收，不該收的倒收了），他所舉的例，我們不盡同意。在「事實上的錯誤」，也就是errors of fact方面，他所指出的，我們全部接受；有朝一日能編《詞典》的增訂本或續輯，一定予以改正。❿

五、琦君　有赤子般的天真、活潑，還有歡笑背後沉重的精神負荷

「六心」級作家琦君⓫，原名潘希真，一九一七年生於浙江永嘉，長夏四歲。她是「七友」中的第二位高齡者，著述等身，名揚海內外，深為讀者所喜愛。筆者和她，以及她的先生李唐基（和夏同年），見過幾次面，也曾去新州李堡登門拜訪過她們兩次。她們待人親切，又很健談，所以和她倆在一起，話好像永遠談不完。

一九六六年七月，夏攜妻女去臺北度假半年，經林海音介紹而認識琦君，隨即成為

❿ 同前，頁二六三補注。

⓫ 殷志鵬《回首英美留學路》（臺北健行，一九九九），頁八五。

熟友。一九八三年，琦君和唐基來美，定居李堡，與曼哈頓僅一河之隔，夏與琦君往還、見面的機會也跟著頻繁起來。

夏在一九七四年開始注意琦君的散文，並投書給《書評書目》，直率地說：「潘琦君一直是我最愛讀的一位散文家，可惜至今還沒有人寫篇專論肯定她的成就。」⓬夏認為：第一流的散文家，一定要有超人的記憶力，把過去的真情實景記得清清楚楚。琦君的散文，在回憶親友師長、追敘自己早年生活瑣事方面，平實中見真情，堪稱一流。為此，夏花了很大工夫，寫了篇〈母女連心忍痛楚——琦君回憶錄評賞〉（臺北《中央日報》副刊，一九九一年十一月八——十日），用「白紙黑字」證實琦君是他「最愛讀的一位散文家」。

琦君在一九七八年，寫過一篇四千多字的文章：〈海外學人生活的另一面——讀夏志清「歲除的哀傷」有感〉，對夏的家庭生活與學人心態，刻劃入微，令人感動：

他那意識流快節奏的上海國語，純真得像孩子般的縱聲談笑，給每位朋友都留下極深刻與活潑的印象。看上去，夏先生真像是個沒有絲毫憂愁煩惱的樂天派。可是我

⓬《人的文學》，頁一四五。

這次來美，與他見面次數較多，得知他客居生活的大概，不免深深有一種感覺，在夏先生歡樂笑容的後面，仍有著非常沉重的精神負荷。這，一半是治學嚴謹、講授負責認真的學人同樣有的情況，一半則是由於他愛女自珍身體不夠健康，給他們帶來的憂愁。⓭

六、張鳳　詼諧成性，幽默大家，在社交場合愛說笑話

張鳳是「七友」中年紀最輕者。她供職於哈佛大學燕京圖書館多年，得到地利人和之便，別出心裁地訪錄了許多著名學者的談話和演講，然後集成一書，名之為《哈佛心影錄》（臺北麥田，一九九五）。書中的學人專章，包括了楊聯陞、趙如蘭、張光直、杜維明、余英時、高友工、李遠哲、鄭洪、葉嘉瑩、孫康宜、陳幼石、夏志清、王德威、臺益堅、鄭培凱、陸惠風、李歐梵和傅偉勳，均一時佳選，陣容壯觀，因此獲得了很多

⓭《雞窗集》，頁一〇一。

讀者的欣賞。

張鳳，祖籍浙江，一九五〇年生於臺灣，畢業於臺灣師範大學歷史系。筆者係一九五九年師大國文系畢業。論年齡與屆數，張鳳算是我的「學妹」了。前年，她來紐約參加她女兒紐約大學的畢業典禮，本已約定晤面，後因安排有了變動，失去相見機會，引為一憾！

張鳳是經過當時仍在哈佛任教的王德威教授介紹，而認識夏志清教授的。她將訪談夏教授的資料，連同自己的發現合在一起，寫了一篇五千多字的文章，濃縮夏的一生於文內，給讀者提供了許多方便。文中有一段對夏的精彩描繪如下：

他詼諧成性，曾自己承認在社交場合愛說笑話，和寫文章的嚴肅態度大不相同。聚首的場合與他酣暢地茶酒談讌，老聽他機巧敏捷、近乎玩世的中外幽默——相關的不相關的隨他腦筋速轉拈來，全像連珠砲似的蹦了出來。聲調或高或低、抑揚頓挫，講得急了還會略略複述，或有幾許忐忑不安，開懷暢言外加手拍指描，真叫大家敬畏有加。相熟之後，自會把他不加遮攔的笑話當作百無禁忌的戲謔，他毫不矯揉做

（造）作，躍動的童趣妙招和嬉笑怒罵總也引得滿座欣悅，捧腹絕倒融融樂樂。⓮

七、殷志鵬　真才實學，率性而行

我在〈三訪〉一文中，對夏的總印象歸納成八點，至今仍值得我們品味：

1.心直口快，坦誠相見：和夏教授在一起，我總覺得他思如閃電，嘴跟不上。潘琦君必須「聚精會神」聽他講話，林以亮說他講話如「連珠砲」，皆非無的放矢。在我看，他的直言快語所表現的，不只是光明磊落的品格，而且是歷經提鍊的智慧。

2.善待後輩，語多鼓勵：夏教授是一個愛才若渴的人。他對《革命之子》作者夫婦梁恆與夏竹麗的讚溢之詞，讀後令人感奮。還有，他先請我吃飯，除了對我表示「青睞」，亦帶有鼓勵我多寫好文章之意。我請他寫序時，他直言：「現在，你也有點名氣，不必找人寫序了。」這句話，令我驚訝！但我還是寄望：有一天，他能為我的書寫篇序。

3.獨來獨往，不喜逢迎：人到無求品自高。這句話用到夏教授身上是非常恰當的。

⓮張鳳《哈佛心影錄》（臺北麥田，一九九五），頁一六九—一七〇。

作者（右）與夏志清教授合影於夏府客廳。
（二○○○年十一月十五日）

四十年來，他一直以真才實學，在美國學界爭一席之地，從不在洋人面前低頭、折腰。這種「國士」風格，足可做我們美國華知的榜樣。

4.立論有據，力排眾議：「讀書破萬卷，下筆如有神。」夏教授當之無愧。讀他文章時，看他正敲側擊，旁徵博引，非常過癮。例如：他對林語堂中、英文造詣非常欣賞；但林與胡適比則嫌不足，因後者對中國文化貢獻較大。又認為胡適與魯迅均為近代中國文人兩大巨匠，然而後者不及前者溫柔敦厚。他在《中國現代小說史》中突出張愛玲和錢鍾書，相對地貶低丁玲與郭沫若，也是力排眾議、獨樹一幟的驚人手筆，令人喝采！

5.不斷吸引，不斷創作：活到老，學到老，還有三分未學到。不斷創作的人，必須不斷吸收；不斷吸收的人，才能不斷創作。吸收與創作，互為因果，夏教授深知其理，並以身作則。劉紹銘說他「三天不讀書便自覺面目可憎」，實在是「知音」之言。夏自稱是個「勞碌命」，「每晚兩三點鐘，不讀即著，直到黎明才入睡。」這種「雞窗」精神，是夏教授治學有成的秘訣，值得我們效法。

6.喜形於色，不避人忌：夏教授當然知道「紅必受忌」、「樹大招風」的流弊，然而他率性而行，每遇喜事，即形諸於色，不避人忌。例如：他稱《中國現代小說史》為「經典之作」；稱包括他本人在內的《四海集》四作者為「四大金剛」；引用他人的話，說自己「英文造詣高過所有留美華裔教授」，都可佐證筆者言之不虛。

7.憐香惜玉，俠骨柔情：夏教授敬佩中國古代的游俠和歐洲中古時期的武士。他認為女性是「弱者」，必須盡力保護。在蘇州讀小學六年級時，看到男生侮辱女生，心懷不平。可知他的「憐香惜玉」情懷，從小即有。他明言喜歡「有活力的女性」，對舞臺上的鄭佩佩和鄔麗珠非常欣賞，也是他「俠義」心腸的反映。

8. 百年之後，自有公評：夏教授強調誠實的文學作品。認為文學作品的真價值，在於展示憐恤心、悲天憫人心和對人性的透徹瞭解。認為一個偉大的作家，應憑自己的感性和知性，努力成為一個時代、一個民族、甚至於全人類的良心。當我問及後人將對他如何評價時，他直率地說：「我才不在乎這些，後人愛怎樣評就怎樣評！」看樣子，他也是一個重視生前耕耘、輕視身後文名的人。[15]

二〇〇一年元月二日晨完稿紐約灣邊，原載二〇〇一年八月《文訊》。

[15] 殷志鵬《師友文緣》（臺北九歌，一九九六），頁六五—六七。

夏志清書信中的人文關懷

書信為作家作證

書信為一種文體，並無固定的形式，在文學創作方面佔有一席之地。要想瞭解一個作家的人品與風格，除了要審閱他或她的作品之外，通常還要看看他（她）的日記和書信，才能獲悉較為完整的面目。而日記與書信，一是寫給自己看的，一是寫給別人看的，兩者往往都顯露真情，所以值得重視。

日記是寫給自己看的，應屬私有，除非本人公佈，別人無法取得。要取得，也要等到本人「百年」之後。書信則是寫給別人看的，落入了別人手中，一般而言，別人為了保護當事人的隱私，是不會隨便發表的。在過去十三年和夏志清教授交往當中，夏寫了六十多封信給我，遠遠地超過了我手邊積存的蔣彝（1903–1977）先生書信三十九封。

我因整理蔣彝書信而與夏志清教授相識，慢慢地成為文友、益友和好友。他寫給我的長信與短函，現在當然不能完全公佈。但是，我可以將他書信中的人文關懷部分摘要錄出，做為他為人、處世、治學的佐證，以供有興趣的讀者參考，應是一件很有意義的事情。

夏的書信，看起來，是拿起筆來便寫的，不曾起稿。他一天能寫若干封信，做為撰寫嚴肅的學術論文之間的精神調劑，是有益於思考力的變轉與滋潤的。有些文人、學者，勤於撰文，吝（懶）於寫信，所以不能成其大，因為留在人間的書信不夠多，失去了友人廣泛作證的機會，以致於影響面不夠廣大，非常可惜！

樂於寫信寫序評

夏志清教授樂於與我通信。我把能夠找到的夏信六十八件，按年排列，初步計算如下：一九八七年兩件；一九八八年五件；一九八九年兩件；一九九〇年四件；一九九一年四件；一九九二年三件；一九九三年十二件；一九九四年七件；一九九五年四件；一九九六年四件；一九九七年六件；一九九八年六件；一九九九年六件；二〇〇〇年三件（到六月為止）。然後重溫內容，作成索引，按照人文關懷的性質，分別闡釋。

夏志清亦樂於為友好寫序，向為大家所稱譽的好事。據他自己說：他只為好友各寫一篇序，絕不破例。❶根據我手邊的資料，他曾為熊式一寫〈熊譯《西廂記》新序〉、為於梨華寫〈《又見棕櫚．又見棕櫚》序〉、為吳魯芹寫〈《師友、文章》序〉、為林以亮（宋淇）寫〈《林以亮詩話》序〉、為程明琤寫〈江南風景，異國情調——《海角、天涯、華夏》序〉、為唐德剛寫〈《胡適雜憶》序〉、為梁錫華寫〈梁錫華的才子書——《獨立蒼茫》序〉、為卜寧（即卜乃夫，筆名「無名氏」）寫〈《紅鯊》（*Red in Tooth and Claw*）序〉、為裴在美寫〈雛鳳清音——《異鄉女子》序〉、為馬逢華寫〈師友，花木，故鄉月——《馬逢華散文集》序〉、為筆者寫〈殷志鵬其人其文——《紐約文展》序〉、為宋淑萍與翁均和母女寫〈《媽咪與貓咪》書信集序〉、為孔海立寫〈端木、海立與我——《大時代：端

---

❶ 夏自動為吳魯芹寫第二篇序〈雜七搭八的聯想——《英美十六家》序〉，不知算不算是他「破例」？

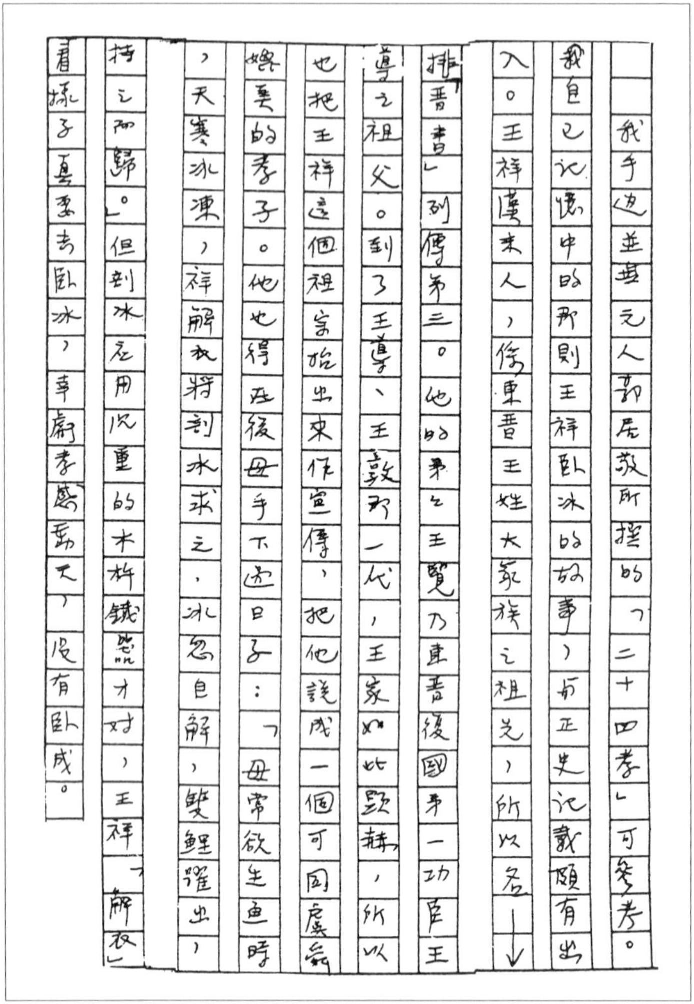
　我手邊並無元人郭居敬所撰的「二十四孝」可參考。我自己記憶中的那則王祥臥冰的故事，而正史記載頗有出入。王祥漢末人，係東晉王姓大家族之祖先，所以名排「晉書」列傳第三。他的弟弟王覽乃東晉復國第一功臣王導之祖父。到了王導、王敦那一代，王家如此顯赫，所以也把王祥這個祖宗抬出來作宣傳，把他說成一個可同虞舜媲美的孝子。他也得在後母手下過日子：「母常欲生魚時，天寒冰凍，祥解衣將剖冰求之，冰忽自解，雙鯉躍出，持之而歸。」但剖冰應用沉重的木杵鐵器才對，王祥「解衣」看樣子真要去臥冰，幸虧孝感動天，沒有臥成。

夏志清教授文稿手跡。

木蘋良四十年代作品選》序〉、為司馬新寫《張愛玲與賴雅》序〉。這些序，如能集成一書，供人研究，應是功德無量！

此外，他撰文評論張愛玲的小說、白先勇的小說、潘琦君的散文、余光中的詩文、陳若曦的小說、彭歌（姚朋）的小說，也是表達他對文友的愛護與推重。他的「佳評」，表面上給這些名家「錦上添花」，實際上是鼓勵（鞭策）他（她）們創作，更上一層樓。他的苦心孤詣所帶來的成果，有目共睹，毋庸贅言。

信中人物多名家

夏在信中提到的文友或學人，包括蔣彝（已故）、王方宇（已故）、余英時、宋淇（已故）、李歐梵、錢歌川（已故）、於梨華、白先勇、劉紹銘、無名氏、張愛玲（已故）、顧毓琇、楊振寧、唐德剛、楊牧、陳肩（王敬義）、董鼎山、鄒讜（已故）、余國藩、李渝、張讓、朱天文、彭邦楨、秦松等在內。他之所以要提起他（她）們，或因感而發，或隨興所至，但多半是回應（答）我在書信或文章裡所提到的人或事，問題或看法，故有「指示迷津」作用，因而令我受益非淺。

說到蔣彝

蔣彝生前以「啞行者」（Silent Traveler）藝名，先後出版了十二本英文畫記，包括倫敦、愛丁堡、紐約、波士頓、舊金山、巴黎、日本等世界名城，享譽海內外。他自一九五五年起，在哥大教授「中國書法」和「中國詩」，一直到一九七一年退休，歷時十六年。他和一九六二年開始在哥大教授「中國文學」的夏志清同事，同一間辦公室，也有十年。蔣長夏十八歲，較夏長我十二歲還要多。

我和蔣是忘年交。當我在一九六四年初離英赴美前，旅居倫敦的陳源、淩叔華兩位前輩伉儷，特別具函為我介紹正在紐約哥大執教的蔣彝。自是，一直到他一九七七年十月在大陸逝世為止，我們都保持著親密的來往，並且合作寫過一篇長文：〈啞行者訪華歸來話今昔〉（刊一九七六年二月《七十年代》），後又印成單行本發行，曾引起廣泛的注意。而在他過世之後，內人廖慈節和我又合力將他自己都未曾過目的英文遺著：*China Revisited After Forty-two Years* (New York: W. W. Norton and Company, Inc., 1977)，譯成中文版

《重訪中國》（香港三聯，一九八〇），公諸於世，並因此和蔣的兒女健飛、健蘭認識，遂將上一代的友情延續到下一代。

夏知道蔣生前和我的特殊關係，自然樂意地同我講蔣的往事，以及他們兩人交往由親到疏的人為和政治因素。我因同他倆保持長期而又親密的交往，故對他倆的學識、專長、人品，以及待友之道，都有心領神會的體驗。因此，夏在信中談及蔣的過去，我是懷著高度興趣注意的。

夏對我保存的蔣彝晚年書信三十九封，貶多於褒，說它們「內容單薄，讀來乏味」（一九八七年九月八日信）。雖然話裡帶有主觀的成分，但兩人後來「意識型態」不同，顯然是交惡的主因。且讀夏信：

事實上，也是蔣彝決定親共赴大陸了，才同我一刀兩斷的。初次患cancer進院，我曾去看他（他未通知我），他在病床上說：他要上天了！趕我出去，從此沒有來往。……我也會寫文記憶重啞（按：係蔣之別號），但多寫哥大同窗十多年之交誼，而少寫他走「左線」之幼稚也。（一九八七年九月八日）

夏還有兩次在信中提到蔣彝。一次是「英國某書局有意重印蔣重啞之著作」，向我打聽蔣二子健國、健飛的地址（一九八九年元月三日）。又一次是北京蔣彝次女健蘭多寄了一冊《海外赤子蔣彝》（九江文史資料，一九九二）給我，我隨即轉送夏參考。他看後寫信給我：

《赤子蔣彝》已看了幾篇。錢歌川此篇非常solid。吳世昌此文也有些新材料，但此人捧共太肉麻，實不必如此也。於梨華不提我名，也為了不要offend親共人士。她寫我那一段很好，但我沒有她說的那樣看不起人。蔣彝的短詩，p.6，〈夢不到家鄉〉❷極佳；〈登泰山〉❸也好，壞在用了「新天」二字，也意在拍馬也。（一九九三年三月十三日）

❷〈夢不到家鄉〉：冬來苦長夜，今冬夜更長。偏偏多短夢，夢不到家鄉。（一九三九年）

❸〈登泰山〉：雄心未死登臨志，腿軟年衰足不前。泰山自古雄環宇，愧無能上睹新天。（一九七七年）

說到余英時

普林斯頓大學歷史系「講座教授」余英時，是文教界極為重視的人物。他繼承名史學家錢穆先生的衣缽，又和新儒家唐君毅等人往還甚密。而在一九五六年到一九六一年攻讀哈佛大學東亞系史學博士期間，曾受業於哈大名教授楊聯陞門下，良師益友，相得益彰，終於成為名滿天下的大學者。

有次，我在中文雜誌《知識分子》上讀到余的大作，心生仰慕之情，乃寫信給夏，投石問路，希結善緣，拓廣視野。夏接信後，顯然以「道不同，不相為謀」的態度，率直以告：

我同余英時無多交往，他是Princeton大教授，寄Dept. of History, Princeton U., Princeton, NJ 08540即可收到。余對中國儒家傳統比較看重，我對此已看穿，所以看他的大文章，少有同感，只覺得他學問極好，對西洋研究社會、文化的著作也看得

很多。講中國舊學，我遠遠比不上他。（一九八八年九月十七日）

俗謂：「文史同源。」夏治文學，余治史學，兩人皆苦學、勤學出頭，兩人皆出自名師、名校，兩人皆著述等身，名揚海內外。但是，隔行如隔山，加上兩人沒有機會或不欲來往，故而有「近在眼前，遠在天邊」之嘆！學者、名家，尚且自限如此，何況常人乎？

說到楊振寧

諾貝爾物理獎得主楊振寧教授，早已是一位家喻戶曉的人物。我曾經受北京蔣健蘭之託，要我寄（交）《蔣彝詩集》給他，獲得他只有一句話的回信，引為「笑」談！為了想和他進一層相識，我自動將拙作（譯）《三地書》和《美國華人發展史》寄楊參考，時過半年，不見回音，為此曾賦詩一首，追憶此事：

仰慕高風寄二書，年今過半信音無。

陰陽文理雖言隔，萬物同歸於一途。

作於一九八五年七月二日

這件事和這首詩，隔了十三年，早已淡忘。但在「清理」舊物中，發現了「這首詩」，以及其他久尋未獲的文稿，一時心喜，隨手撰成〈清理的報償〉一文，刊出後，習慣地影印給夏過目。夏讀後有所感而來信：

（吾）弟贈書楊某，自受其辱。有時德剛寫文，也會大捧李楊，其實我們唸文科的，名氣沒有他們大，並非成就不如他們，學問不如他們也。我從不巴結人家，倒也省掉不少麻煩。（一九九八年八月二十七日）

夏說我「自受其辱」，我不得不為自己辯護。實在說，我的看法和夏完全一致：楊專長物理，我專長語文；雙方都是美國產的博士，各人在自己領域裡的成就，亦各有千秋。我之所以贈書給他，伸出友誼的手，完全基於一種人類美好的理念。他拒我於千里之外，可能情非得已，亦可能他根本未收到那兩本書，如何回音？

說到白先勇

夏坐七望八，受「老冉冉其將至兮」的影響，患上心律不規則跳動症，已有多時，現在完全靠藥物控制其高血壓，心中有說不盡的苦衷。有次，他在信中說：

我身體原已好轉，兩星期前誤聽某人的話（她是好意），去Flushing給推拿醫師某推拿了三分鐘，從此血壓提高，反不能工作，後悔無窮。我一向不信中醫，月前白先勇來，謂健康因做氣功而大有進境，才有所動。希望這幾天身體復原。（一九九四年五月十一日）

還有一次，我讀到白的長文：〈樹猶如此——紀念亡友王國祥君〉，一讀再讀，深受感動，乃揮筆寫成〈友情〉一文。後將此文影印寄夏過目。他回一信，談及白文：

先勇的長文，眾口交譽，的確是用心寫的。（一九九九年六月十四日）

說到無名氏

無名氏（原名卜乃夫，又名卜寧）早已與《塔裡的女人》、《北極風情畫》兩本著名小說連在一起，也是個家喻戶曉的文學人物。他落入共產黨虎口後，又能逃出，真是個幸運兒！

他寫的《紅鯊》（*Red in Tooth and Claw*），被譯成英文發表，特請夏寫序。夏在信中這樣說：

> 因病不寫文章。去歲為無名氏寫了一篇Foreword，現書早已印好，即將出版。Grove Press只講生意經，不喜我學術性的序，故文章加以改動，事前不通知我，極不禮貌。生氣無用。只好把原本寄上，或可一讀。（一九九四年五月十一日）

接著，他在另一封信中，不惜筆墨，為我作進一步的詮釋：

無名氏十多年前初來紐約，就看上了我，一篇序文是免不掉的。他的作品我從未讀過，連《塔裡的女人》二書都是寫序前惡補的。卜兄對其《無名書》最為得意，偏偏此書七八冊，我只把其首冊精讀了，餘冊翻閱而已。他晚年寫的反共作品倒看了不少。《紅鯊》所載非作者親身經驗，是根據他人經驗重造的。除了揭露中共真相外，不能算是好書。序裡我同他和索忍尼辛相比，也比了這一點，中文大標題為《聯合報》所加。……

捧無名氏的人在臺港有不少，早有人稱他為中國的索忍尼辛了。叢甦即把《無名書》大捧特捧，現在她同卜兄不來往了。我謂《無名書》勝過《四世同堂》、《激流》，這樣寫其實是《春秋》筆法，因讀過拙著《小說史》者皆知我對老、巴二人之巨著評價不高也。（一九九四年六月二十九日）

夏寫這封長信，要費多大力氣!?他對我如此推心置腹，傾訴衷腸，真正令我感動！

說到余光中

夏將余光中寫的悼念張愛玲文字〈何曾千里共嬋娟〉（一九九五年九月十五日《中央日報》副刊）寄給我看，並在信中說：「附寄余光中文，強調愛玲成大名，係愚之功，讀了很感動。」（一九九五年十一月三日）

當我把余光中〈七十自喻〉一詩的「解讀」文章寄給夏，他馬上回信：

大文已拜讀。原先只知道臺灣各報，以及《世界日報》，大陸有些報都於生日那天載有光中的訪文或訪問、評論，想不到他還於同天出了四本新書。他早應拿Nobel Prize，但臺灣的作家可能無望。比較起來，楊牧有望，他是臺灣人也。（一九九八年十一月二十七日）

二〇〇〇年的諾貝爾文學獎，落入法國籍華人高行健之手。臺灣詩人余光中、楊牧，大陸詩人北島，均未入選，令許多關心此事的人感到意外，包括夏志清教授在內。

至於信中提到的其他名家，我想留待日後有機會再說，此處就先打住。

評我著作如切磋

夏同我經常有文章見諸報刊。我們各把自己的作品影印後，隨信寄給對方參考，多年來從未間斷。這種「行為」，正合乎中國文人之間互傳詩文、互通音訊的大傳統，值得我們發揚光大。實際上，這樣做，雙方都受益非淺，因為從中可以得到鼓勵、切磋、欣慕與支持，以及有形無形地產生一種「思齊」或「超越」的創作動力。十多年來，夏常將我寄去的長短文章過目後，隨手加以品評。好評令我欣喜竟日，壞評亦令我垂頭喪氣。夏一向有「夏判官」的綽號，「文評家」的魅力，被他批評過的人，終身難忘。

夏在信中評過我寫（編）的《三地書》、〈三訪〉、〈書道與人道〉、〈白樺演講〉、〈人性(一)〉、*OUR PEN*、〈文友〉、〈珍惜八月〉、〈父親〉、〈伴花〉、〈犁愛〉、〈選擇〉、〈逍遙〉、〈空巢〉、〈國寶〉、〈政治〉、〈贈書〉、《回首英美留學路》、〈管錐〉、〈神秘〉、〈好父親〉、〈人性(二)〉等書、文。值得一讀的片段如下：

〈白樺演講〉（亦即〈中國的悲哀——白樺在紐約哥大演講〉，刊一九八九年一月二十六—三十日《中央日報》副刊），是一篇足可與〈三訪〉一比的長文，也是筆者引為平生寫作生涯快事之一。猶記白樺在母校哥大教育學院演講那天，座無虛席。夏是當天出席歡迎白樺夫婦的重要人物之一，並有合照存證。夏接到我寄給他的〈白樺演講〉影印後來信說：「星期六在大上海相聚甚歡。昨天收到大函，同時也看到《中央日報》副刊上白樺演講稿，並附我同白的照片，十分感激吾弟特別寄照片去。」（一九八九年一月三十一日）

*OUR PEN*是我和學生、家人、同事、友好合辦的一份教授華人學習英文寫作的雜誌。從一九九〇年三月四日起，到一九九三年九月四日止，一共出版了八期（半年一期），曾在華人社區發生了正面作用。夏不僅寫信鼓勵我，而且還投了一篇英文信稿，讓我登在一九九二年九月四日出版的第六期雜誌上，真有蓬蓽增輝之感。

現在，我將他信中的話錄出，供大家一讀：

五月間在Chinatown館子與弟相聚，很高興。後來承補寄*OUR PEN*一冊，拜讀之餘，

想想吾弟公餘為僑胞服務，鼓勵他們多講、多寫英文，極為佩服。所刊諸作，文筆淺顯而清新可讀，很不容易也。弟自己那篇小說，讀來有趣，可稱是示範之作也。

（一九九〇年七月十八日）

〈文友〉（亦即〈一生一字說〉，刊一九八九年十月《華人月刊》）一文，談十二位文友（包括筆者在內），每人以一字為代表。趙繼康「食」、曹又方「愛」（或性、色）、董鼎山「書」、朱晨光「畫」、彭邦楨、秦松、李斐「詩」、湯晏「史」、郝毅民「心」、楊曉樂「物」、吳孟迪「錢」、筆者「人」。此文頗獲夏之青睞，來信謂：

吾弟〈文友〉文，的確寫得很生動，我認識之人，寫得很活，頗不容易。余光中十多年前寫過一篇〈沙田十（八？）友〉文，頗傳誦一時；宋淇三四年前為《四海集》（臺北皇冠，一九八六）寫序，寫他、我、光中、黃國彬四人，寫得極精彩，吾弟可參閱之。（一九九〇年十二月二十四日）

〈選擇〉（亦名〈選擇大學的掙扎〉，原載一九九四年六月《華人月刊》）一文記述幼子選擇大學的掙扎。他棄康乃爾、卡內基、西北三所名校，而就加州理工學院，實在是痛苦萬分！結果，連同我們兩位博士父母在內，都設想得不夠周全，以致於幼子最後為情勢所逼，自動半途退學，使得全家陷於危機之中。幸好，幼子能伸能縮，委屈自己待在紐約奧邦尼州大讀了三年，先後完成電腦學士和碩士學位，隨即獲得待遇優厚的工作，家庭危機始告解除。夏讀到〈選擇〉一文，深受感動，乃大發高論，今錄於後：

昨獲手書，甚喜。令郎決定去Caltech，大文〈選擇〉讀來給人緊張之感，很不容易。他同其兩位姐姐：一在Cal（按：即柏克萊加大），一在MIT（按：即麻省理工學院），三人將來前途如何，可能「良兒」佔些便宜，因男孩子可以專心一意唸書，女孩子為了終身大事，總不免分心，吃了些虧。我還是比較老派，女孩子能happily married比僅為自己的事業而奮鬥，得到的幸福更多。你們伉儷為子女如此辛苦，實在是最好的父母。（一九九四年六月二十九日）

〈逍遙〉（又名〈四種逍遙〉，刊一九九四年七月《華人月刊》）一文，提及莊周的〈逍遙遊〉、余光中的《逍遙遊》（臺北水牛，一九八六）、王蒙的《逍遙集》（湖南群眾，一九九三），以及筆者天南地北、享受漫遊生活的真逍遙。夏讀到此文，興致勃勃地寫了一篇書信小品給我，今全錄於後，供讀者品賞：

志鵬吾弟：

大函收到，〈逍遙〉文裡「亦鯤亦鵬」此句極佳，簡潔而帶幽默。弟如無號，「亦鯤」是個good choice。

吾弟如來哥大，我們當宜聚餐，事前電話通知即可。弟妹比多少所謂著名學人都福氣。許多人寫的學術論文，一無道理，遠不如吾弟把孩子教養得好，學校裡盡心教書，改作文，對社會有貢獻。

匆匆，不多寫，即頌

暑安

志清拜一九九四、七月十五

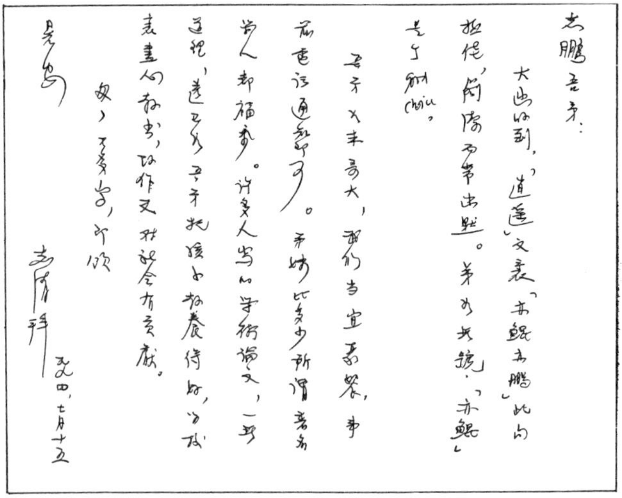

夏志清教授寫給作者的書信手跡。

這封信，我決定影印隨書刊出，供大家收集欣賞，做為文人相重的紀念。

〈空巢〉（亦名〈空巢的啟示〉），刊一九九四年十月《華人月刊》一文，寫的是兩種情況：一種是「樹上巢空，小鳥不知去向」；一種是「家中三個子女離家，各奔前程」。夏讀到此文，即充滿興趣地回應：

看到〈空巢〉這個題目，想您一定會講到子女皆已離家之事。想不到吾弟真寫起鳥來，而且觀察精細，甚喜。我在NY三十年以上，哥大附近多的是pigeons，卻從不見小鴿子，也不見鴿巢、

鴿蛋，甚感奇怪。吾弟有興，可寫篇談NY鴿子之長文也。（一九九四年十月二十五日）

夏的確喜歡鴿子。他曾經告訴我每日在五樓公寓窗沿餵鴿子的趣事，喜形於色。我回答他紐約市有法律規定不准餵鴿子，因鴿子便糞deface建築物，有礙觀瞻。他聽後半信半疑，並有為鴿子鳴不平之勢！

我在最近一次登門拜訪他時，順便問他：

「現在還餵鴿子嗎？」

「早就不餵了！因為鄰居說話，我就停止，免得麻煩。」他心平氣和地說。

《回首英美留學路》（臺北健行，一九九九）載文四十六篇。書題文章先在一九九七年十月《傳記文學》上刊出，受到夏氏夫婦重視。夏在信中告訴我：

大函及附件收到。內人最愛看《傳記文學》，故〈留學路〉大文一到即拜讀，對吾弟有了些認識。我在美求學，祇知辛苦用功，而從未打過一天工，少了些留學生應有

的經驗。（一九九七年十一月四日）

夏的夫人王洞女士，是臺大及耶魯高材生，小夏十五歲。他們生有一女名自珍，與我長女同年出生，現年二十八歲。不幸的很，自珍生時腦部受損，變成「弱智」。這是他們夫婦一生引為最大的遺憾，值得我們深切的同情！

〈夜讀《管錐編》小記〉（刊一九九九年一月十三日紐約《明報》）一文，算是我為悼念錢鍾書先生而寫，旨在說明《管錐編》是一部奇書，也是天書。所謂「奇書」，是指今後再也不會出現這樣通古博今、精中知外的著作；所謂「天書」，則指一般人看不懂、不願看、亦無需看的書。

夏、錢是知交好友，相互仰慕，良有以也。夏在錢過世後寫了篇紀念性的文字：〈錢氏未完稿《百合心》遺落何方？——錢鍾書先生的著作及遺稿〉（一九九九年二月《明報月刊》）。夏讀到〈夜讀〉後，又看到自己的文章刊出，兩相對照，即寫信給我：

星期六相談甚歡，《明月》二月號昨天收到，拙文改正後，今晨加以影印，供吾弟清賞。其實我同弟對《管錐編》看法相似，自己至今尚無暇把此書細品，實在沒有這分時間也。大陸真正讀過全書的，我想也沒有幾個人。（一九九九年二月五日）

關懷家庭與個人

夏對家庭與個人的關懷，也在信中表露無遺。有次，他在信裡坦率地告訴我，為什麼他在身體方面吃了虧：

謝謝來信、來電話關問，我身體已較正常，下次文友集會，當可出席。九月底去義大利，身體很吃虧，去五天即返（原定十天）。從今終老紐約，臺港西歐皆不能去觀光矣。

我的病起因在幼年得病（rheumatic fever），導致心臟valve受損害，說起來很冤枉。我同弟一樣，生活極有規律，且多運動，講道理是不會生大病的。現在病了，只好

一直擔心下去。（一九九二年十一月七日）

這就是令他日夜不安的病情。我曾多次安慰他，說他的實際情況，可能比自己想像的好得多，實在不必如此憂心煩惱。最近他夫人陪他去香港參加「張愛玲與現代中國文學」研討會，平安去回，不就是最好的證明嗎？

夏讚我是個「福人」，除了在一九九四年七月十五日的書信小品裡這樣表示，另外還有五次這樣說過：

1. 吾弟身體健，妻子在旁，兒女努力求學，真有福之人也。（一九九二年九月十八日）
2. 大文已拜讀，兄乃有福之人，夫婦恩愛，三子女皆有出息（滬語，不知目今流行否）。（一九九四年三月二十五日）
3. 吾弟身強力壯，真是福氣。愚身體已壞，否則多寫文章，多幫人忙，自己也開心。（一九九六年四月二十二日）
4. 吾弟一身無病，真是最大的幸福。（一九九八年十二月十日）

5. 獲函及大文兩篇，甚喜。吾弟退休後，先後去臺、英、奧諸地旅遊。我有了心臟病，不敢出遠門，長居紐約，也感到有些無聊。Vienna從未去過，德、法、英也都各去過兩次（三次都是為了開會），未能暢遊。讀弟的遊記，不免羨慕您的福氣。
（一九九九年六月十四日）

夏說我有「福氣」，無非是我身體健康，家庭完整，夫妻恩愛，兒女用功；而退休後，到處旅遊，享受人生。所以說：名利不足惜，健康最重要！

二鳥三蛋神來筆

令我既感動、又禁不住發笑的是，夏有次寄來一張卡片，正面畫著一對cardinals（按：即紅鳥），站立巢邊，面面相對，守著巢裡的三個鳥蛋；反面則是他寫給我的信。

他這樣說：

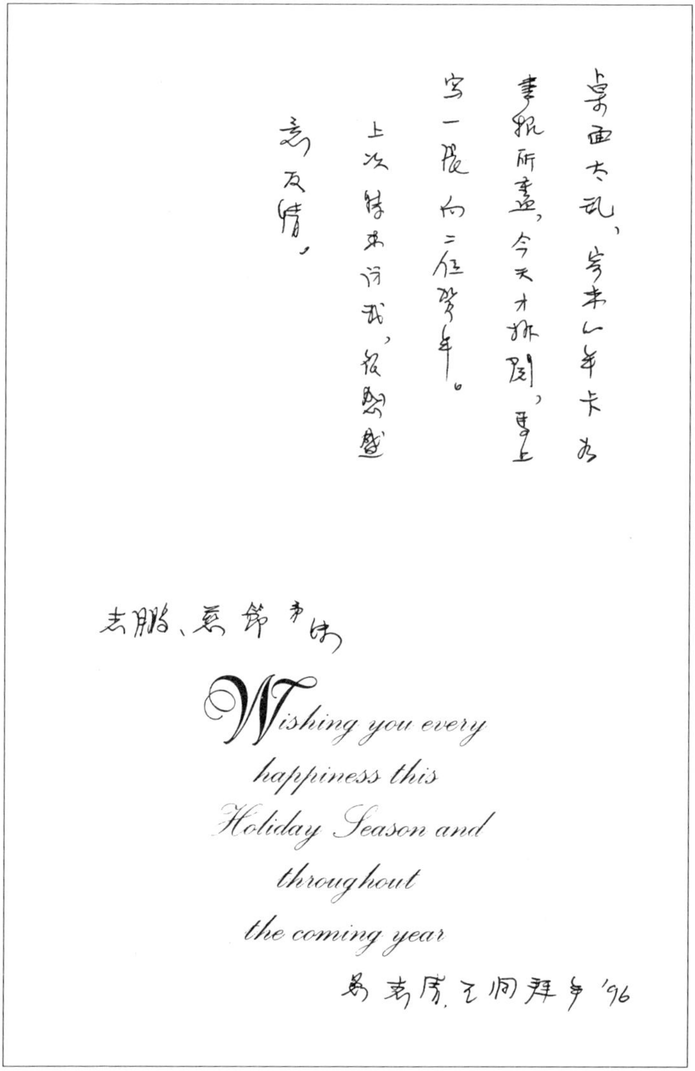
奉函大札，寄来的年卡為
書報所壓，今天才找到，馬上
寫一張向二位賀年。
上次特來訪我，很感盛
意友情，

志鵬、慧鈴弟妹

Wishing you every
happiness this
Holiday Season and
throughout
the coming year

夏志清 王洞 拜年 '96

夏志清教授寫給作者的賀年卡手跡。

找出一張卡片，象徵弟妹初婚後孵育三個孩子的情況。當然，三孩是一個一個生下的，不像二鳥一生下來即是三蛋。（一九九五年八月十日）

夏以「二鳥」比喻愚夫婦，「三蛋」比做我們的三個子女，意味著一家五口，相親相愛，同心合力，建造家園。這真是神來之筆，人間不可多得的隆情厚誼也！

二〇〇〇年十一月十三日初稿紐約灣邊

和夏志清教授文交的心領神會

從灣邊去哥大

從灣邊去哥大，會夏志清教授，來回需三小時。他住在哥大附近的一棟公寓裡。我和他文交十三年期間，去他那裡很多次，到底有多少次，實在記不清了。但是，我每次去，和他談天說地，幾乎無論談什麼，都覺得很有意思。因此，在路上花三小時，總是感到非常值得。古人所說的「與君一席話，勝讀十年書」，對我確實產生心領神會的意境。

夏志清教授是美國研究中國文學的重量級人物。他的成名巨著：*A History of Modern Chinese Fiction*，於一九六一年由耶魯大學出版；一九七一年再版。一九九九年，由印第安那大學出第三版，序言則由哥大王德威教授執筆，全書七百二十六頁。我手邊的中譯本，是臺北「傳記文學出版社」於一九七九年推出，編譯人是劉紹銘教授，全書五百七十五頁。

此書，不僅將中國現代小說，連同作家，推介到美國學術殿堂，獲得了崇高的評價，而且更進一步地為研究中國文學，開闢了一條新路，使之在美國逐漸地生根、發展，以致於達到現在這樣枝豐葉茂、花繁果碩的美好境地。我說夏是美國的中國文學（尤其是小說）研究的開創者、奠基者、成功者，實在不為過。

今天（五月二十二日），我又從灣邊去哥大看他。手提包裡，帶著六本遊德國慕尼黑的照片，準備與他分享，以彌補他因患心臟病而不便遠遊的遺憾。我依時到達他的公寓。一見面，他就神采飛揚地說：

「還是你的身體好！」

「你的牙齒比我好，我的心臟比你好。」

「心臟比牙齒重要！」

他的快言快語，很快地把「訪客」引進歡愉的氛圍。走進客廳坐定，我把相本拿出來讓他看，他看得十分仔細，頻頻發問。我藉機為他拍照，然後同去附近他喜歡的中餐館吃午餐。仍然是邊吃邊談，興味盎然！這次，我故意讓他談一些有關他的婚姻、事業和家庭方面的敏感性話題。所以在歸途中，我感到分外滿足！

文交之前的種種

「文交」，通常指文友之間思想上與文字上的交往（流），亦可直率地稱之為「文人之交」，或者古人所謂的「君子之交」。古今中外，文人之間的相互標榜、提攜與切磋，幾乎是理所當然。這是文化傳承與創新所必需，任何人都不能加以否定的。在文交中，年齡、性別、出身，似乎都不重要；重要的是才華與理念。這是文人交往的精義所在，不容我們忽視。

我和夏志清文交，溯自一九八七年。那時，他仍在哥大擔任中國文學教授，正是我現在這樣的年齡。雖然他的學術顛峰期已過，但他仍然雄心勃勃、繼續不斷地在報刊上發表宏文專論，令我讀起來感到非常過癮。我那時獨排眾議、十分肯定地認為他是一位具有真才實學、不可多得的當代學者，乃決定和當時故意與他為難的一夥左系友人漸行漸遠，誠心誠意地和他接近。他亦欣然地接受我這位哥大培養出來的教育界後進。

夏志清，一九四八年進入耶魯大學英文系，前後待了七年：前四年攻博士學位，後三年做研究工作。一九五五年離開New Haven，先在密西根大學當了一年訪問講師，然後去德州Austin教了一年英文，跟著去紐約上州Potsdam教了四年。一九六一年，受柳無忌推薦，至賓州Pittsburgh大學又教了一年。翌年，獲得紐約哥倫比亞大學副教授永久教職，結束他在美國大學校園「流浪」的教學生涯。這主要靠他那本經典著作《中國現代小說史》出版後，所帶來的好運！

我比夏小十二歲。一九六四年初，從英國倫大轉來紐約哥大，繼續攻讀教育，雖然不如夏之幸運，但在哥大熬了六年後，也順利地通過了博士筆試。那時正逢中國大陸進行文革，如火如荼，對海外具有民族情感的臺灣留學生，造成了「好奇」與「幻想」。我就是為了要認識「赤色中國」而選了「文革中的高等教育改革」為題，撰寫論文。同時，又與友人合力舉辦「中國問題演講會」，先後邀請陳依範（今日中國）、胡昌度（中共教育）、唐德剛（訪問中國）、何炳棣（中國資源）、唐盛鎬（中蘇關係）、熊玠（中美關係）等專家學者演講，並將他們的講詞整理後，刊在香港李怡編印的《七十年代》月刊上，引起了大量讀者的注意。

後來，在哥大和夏同一間辦公室工作的蔣彝教授，一九七五年訪華歸來，和我合作，將他訪華見聞整理後，交《七十年代》發表，並印單行本問世。相信「堅決反共」的夏教授，亦必有所聞。根據上述種種推測，我認為夏早就知道有我這個「學弟」在他左右活動。不過那時，我和他「道不同，不相為謀」而已！

第一次握手和第一封信

一九八一年十一月七日晚上，紐約文友在三十二街第五大道「憶湘園」中餐館，歡宴來自北京的湘人名作家丁玲女士和較她年輕的夫婿陳明先生。夏也出現在歡迎會上。他當場用半開玩笑半認真的語調，要求丁玲講述羅曼史，卻被一位「左系」女士反戈一擊——當眾要求夏本人先公佈戀愛經過。這種「針鋒相對」的場面，雖稍縱即逝，但也可想像當時雙方的窘態。散會後，我在餐館門口與夏教授打了個照面，立即趨前握手，並道晚安。這次「握手」，亦可說是文交之始。

一九八六年雙十晚上，紐約文友在「山王飯店」歡宴來自臺灣的《傳記文學》社長劉紹唐先生和來自中國大陸的名作家蕭乾、文潔若夫婦，並特別把當時進行筆墨熱戰的紐約文壇「二虎」——唐德剛和夏志清——一同邀來。唐、夏在眾文友的敦促下，握手擁抱，喝「交臂酒」，行「吻面禮」，當場重歸於「好」的精彩鏡頭，使在座的主賓友人，大飽眼福，畢生難忘。在他們「表演」之前，我和夏教授握手寒暄時直說：「這場筆戰，唐教授顯然是挑戰者。你是被迫應戰。」語帶同情，頗中「夏」懷。事實不正是如此嗎？

一九八七年七月，我帶著《紐約筆記》書稿，回到一別二十五年的臺灣，探親訪友，度過旋風式的兩週。回到紐約後，又將《蔣彝晚年書信》（簡稱「蔣稿」），整理成書，做為蔣先生逝世十週年祭禮。稿成後，想到曾與蔣先生共事十多年的夏志清教授，或有興趣一讀。於是便和他聯絡，要求一見。

哥大是我的母校。「十年寒窗」期間，不知去過Kent Hall多少次，但從未叩過夏教授辦公室的門。九月八日，我帶著「蔣稿」和《三地書》（臺北傳記文學出版社，一九八四），冒雨依約去四二〇室。夏教授在我到達一、兩分鐘後，也穿雨衣、攜雨傘而來。開門坐定後，我即將「蔣稿」交給他。他隨即翻了翻，答應看後再說。我又取出《三地書》題

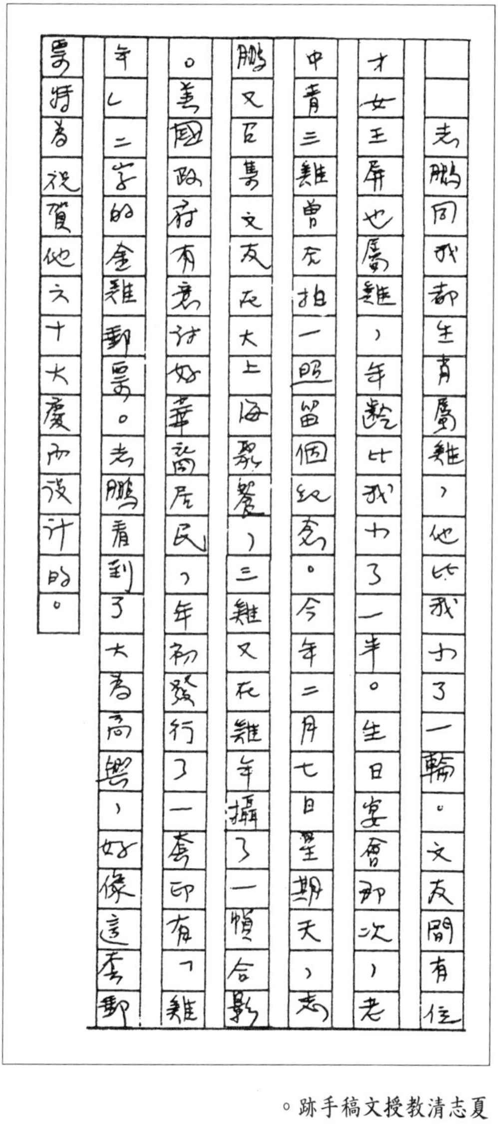
志鵬同我都生肖屬雞，他比我少了一輪。文友間有位才女王屏也屬雞，年齡比我少了一半。生日宴會那次，老中青三雞曾合拍一照留個紀念。今年二月七日星期天，志鵬又召集文友在大上海聚餐，三雞又在雞年攝了一幀合影。美國政府有意討好華裔居民，年初發行了一套印有「雞年」二字的金雞郵票。志鵬看到了大為高興，好像這套郵票特為祝賀他七十大慶而設計的。

夏志清教授文稿手跡。

贈送他。他說：「此書很不簡單。〈唐序〉也寫得很好，令人感動！」我和他談了不及二十分鐘即辭出。

兩天後，接到夏兩頁長信，始知他在我走後一口氣把「蔣稿」看完，隨即寫信給我。當時，他囑我作Confidential處理，不宜公開。但時到今日，我認為此信極有佐證價值，故摘錄部分：

志鵬兄：

今天很高興同您會面，也在《三地書》上看到你們殷家三代的照片。蔣彝最喜歡小孩，你有三個聰明伶俐的小孩，再加上您自己baby face（德剛語），無怪晚年他同你們往還甚密了。

您走後，我即把蔣彝三十九封信全讀了，其他信件及你的文章也都拜讀（《七十年代》上那篇大文當年即讀過，且保存），總覺蔣自己那幾封信內容單薄一點，讀來乏味。《書信集》出版並不會增高他的聲譽，反而給人印象此人腦筋很簡單，看事情不太清楚，尤其在臺灣他的聲望反而因之大跌。這幾年，蔣健飛、林海音諸人在臺

「三雞」圖。
右起：夏志清、王屏、殷志鵬。
（三人皆生於雞年。夏長殷一輪，殷長王兩輪。）

發表回憶蔣老的文章，給人印象，此人無論如何寫了如此多冊英文書，很了不起。但書信發表，就會給識者看穿了。（下略）

兄哪天來把書稿取還，順便同往「月宮」午餐如何？弟作東，可多談談蔣老及其他友人。祝

儷安

弟志清拜上 一九八七、九月八日

這第一封信以「兄」稱我的形式，到了一九八八年三月二十五日寫第二封信時，便改成「志鵬吾弟」。此後，延至今日，每信皆以「吾弟」相稱。十三年來，從平淡的

「文人之交」，演變成親密的「兄弟之交」，也是「今生有緣」，故我不厭其煩地翻箱倒篋，樓上樓下，找尋資料，然後凝思揮筆，撰寫本文。

〈三訪〉一文備受重視

九月二十四日中午，我二度訪夏，先在哥大校園Alma Mater銅像前合影，隨即並肩邁向「月宮飯店」。我們在店內坐定後點菜。他點紅燒海參，我點百葉肉絲，皆江南口味。上菜前，我出示蔣彝、健蘭父女在杭州合照。他細睹照片後嘆曰：「病成這樣，他難道不知？個性真是太強了！」當天，兩人食量很好，飯菜一掃而空。飯畢，仍並肩步行回哥大懇德堂。他去四樓辦公室，我留在樓下圖書館看書，前後相聚九十分鐘。

十月二十四日中午，我回請夏教授。當天，我帶著《蔣彝詩集》（北京友誼，一九八三）和《美國華人發展史》（香港三聯，一九八四）赴約。前書是北京蔣健蘭寄來，囑我轉贈適當友人；後書是愚夫婦合譯，原著者是陳依範先生。這兩本書都贈送夏教授參考。他接到後，回贈《雞窗集》（臺北九歌，一九八四）和《四海集》（臺北皇冠，一九八六）。

作者（左）與夏志清教授合影於哥大校園。
（一九八七年九月）

又一次證明國人「禮尚往來」的優良傳統。

這次，我們去了一家湖南餐館，要了一盤干貝，一盤肉絲和兩瓶青島。我們邊吃、邊喝、邊談，興味甚濃！從夏在哥大任教的認真和得志，談到中國民族性和中國歌謠。飯畢回到懇德堂，我拿出錄音機，提出三個文學方面的問題，請他作答。他也一不做、二不休地和我周旋到底，讓我錄音一小時。當天，真正是滿載而歸，衷心歡喜。

經過這三次面談、兩次對餐和一次完整的錄音，再加上閱讀他的《文學的前途》（臺北純文學，一九七四）、《愛情．社會．小說》（臺北純文學，一九七〇）、《人的文學》（臺北純文學，一九七七）等論著，我便定下心來，利用業餘和週末，全力撰寫〈三訪夏志清教授談文學前途〉一文（簡稱〈三訪〉）。從十月三十一日萬聖節開筆，到十一月十四日稿成。

此稿先後在香港《明報月刊》（一九八八年四月號）（長達七頁）、臺北《中央日報》副刊（連載三天）和紐約《中報》副刊（選載部分）上出現，引起海內外廣大讀者的注意。一年後，臺北《中國時報》副刊主編季季打長途電話來，欲登此稿，知道已在臺灣刊過而作罷。由此可知，〈三訪〉一文備受報刊主編重視，競相刊用，令筆者引為平生樂事之一。

至於夏本人讀到此文後的反應如何呢？且看夏教授怎樣回答：

志鵬吾弟如晤：

今天下午五時開信箱，看到來信及訪問兩篇。《中報》訪問昨天已讀，今天讀〈三訪〉（已讀了三遍），覺得吾弟把我寫得很活，錄音帶整理得很仔細，深感，且極為高興。談宗教，必涉及留美學人，寫文章有很多困難；現在經弟一報導，把我的意思講出了，而我自己不必指名提到什麼人，故此極為高興。報導失實之處絕少。

我同情女性，但不認為她們是「弱者」（至少文章裡未如此說過）。《四海集》四作者稱之為「四大金剛」，想必是我說笑話，四人之中黃君年齡比弟尚輕，絕非「金剛」級也。你說我講話時，略帶「羞」態，從無人說過，吾弟一語道破，很佩服你觀察之細。〈三訪〉文文章很好，結論八點，也很有道理。謝謝吾弟為我作語錄。

今晚想寫完一篇短文，然後要做tax，交了returns後再同弟聚餐如何？這次同餐，更可暢談了！

即祝
春安
夫人同此

志清上一九八八、三月二十五日

最有意思的是，剛從大陸來美投親的夏教授妹妹夏玉瑛女士，讀到此文後，竟然著「迷」，一定要見見我這個人。當夏教授打電話告知時，我樂不可支地滿口答應，請她連同夏教授夫婦在哥大附近食中式早餐。那天相見歡的情景，至今仍留在心上。

七十壽慶群英會

夏志清教授，一九二一年二月十八日（農曆元月十一日）生於浦東，在老家蘇州讀完小學和初中。再去南京青年會中學讀了一年半高中，便轉到上海大夏大學附中讀高三。大學讀的是上海滬江大學，是美國南部浸禮（信）會辦的。一九四六年九月，隨濟安兄去北大當助教，正是胡適當校長。他出乎大家（包括他哥哥濟安在內）意料之外，考取李國欽留美獎學金。一九四七年十一月來美，翌年二月進入耶魯大學英文系，開始他先苦後甜的漫長留美生涯。

到了一九九一年，夏已在哥大教了三十年中國文學。按照規定，他必須在七十歲時退休，將職位讓給新人。我和他正式文交之後，乃邀請他參加我們一群文友定期和不定期的聚會。這個「文友聚會」始於八十年代初，已延續二十年，仍未斷。雖然也有迎新送舊的酬酢活動，但主要還是文友間聯絡感情，交換書訊，以及在精神上互相支持、物質上（指美酒佳餚）達到共享的目的。

夏於一九八八年八月十四日首次參加，地點在紐約華埠大上海飯店，通常都是從中午十二時半談到下午兩、三點才散。當天除夏和我之外，尚有錢歌川、郝毅民、彭邦楨、董鼎山、秦松、朱晨光、湯晏、楊曉樂和曹又方。嚴力在席散前才趕到。席間，從「十鳥朝鳳」（鳳指曹又方），談到同性戀問題、男人的戀母情結、銀幕上飲食男女的大場面，以及彼此的少年遊、單戀、婚變等近事與往事，大家談得津津有味，笑聲頻爆，大有驚動四座之勢！

當我在夏著《雞窗集》上發現夏之生辰日期，於是選定一九九一年二月十六日（星期日）中午在大上海飯店為他祝賀七十壽辰。受邀而參加的有彭邦楨（詩）、董鼎山（評論）、沈善鋐（藝術）、朱晨光（畫評）、湯晏（散文）、王渝（詩）、叢甦（散文、小說）、李斐（詩）、顧月華（散文、小說）、嚴力（詩）、王屏（詩）。連同夏和我，無巧不成書，正是十三人。這是「耶穌和十二門徒」參加「最後的晚餐」的人數！這次「壽宴」也是此數。然而，我們來自東方，不受西方忌諱所限，所以也無人要求退席。為了助興，我帶加州白葡萄酒一瓶；夏壽星攜一瓶Scotch。一淡一烈，任君選擇。當時，兩桌合併，座位自選，大家吃得、喝得、談得興高采烈，拍了許多照片，是一次令人難忘的文聚。

兩週後，夏寄來一封謝函：

志鵬吾弟如晤：

今年我過七十歲生日，吾弟廣約紐約文友，於Chinatown大上海為愚祝壽，此恩此情，終生難忘。那天出席諸才男才女皆為我所喜歡者，因此大家mood特別好，確可稱紐約文壇盛事，而我弟召集人之大功，大家都極為appreciate也。

那天我也帶了照相機去，照了大半捲，茲寄上與弟同影者三幀，請珍存留念。您比我小十二歲，十二年後愚必更老而益壯，當為吾弟發起一個生辰大會也。回春後請吾弟再來哥大，同餐暢談如何？再謝並祝

儷安

愚志清拜一九九一、三月二日

這封信，寫在哥大東亞語文學系信箋上，多半是在辦公室完成。此時，距他退休僅兩月。在五月四日「夏志清教授榮休討論會」上的十三位主講人中，有六位是夏指導出爐的博士，可知夏對美國研究中國文學人才培養的功勞！

我和夏志清教授文交，至今已十三年，引為平生榮幸。他的言行，雖然不是百分之百的令我折服，但從他鼓勵我著述、激發我向上的影響力而言，他是無人可以取代的。他對我的關顧和與我互動，實已超越了陳源、凌叔華、蔣彝、謝扶雅、錢歌川、王方宇

諸前輩，因此是我當前的好友、益友和文友。天之恩賜，人需珍惜。這是埋藏我心底的至言，永誌毋忘！

二〇〇〇年五月三十日稿成紐約灣邊，原載二〇〇〇年八月《文訊》。

下卷　人文資源與文學

讀夏志清英著《小說史》的聯想

誰不感到震撼!?

面對夏志清教授英著《小說史》(*A History of Modern Chinese Fiction*;中譯《中國現代小說史》,簡稱《小說史》)正文五百八十六頁、註解及索引一百四十頁,合計七百二十六頁,誰不感到震撼!?

一個原本主修英詩的人,在完成博士論文之後,又狠下決心,一頭鑽進中國小說研究,懸樑刺股,焚膏繼晷,歷時十年,終將「拓荒巨著」推出問世。果然,一「石」驚起千層浪,立即受到中外學界的重視。夏不僅因此獲得哥大終身教職,而且贏得「首席中國小說評論家」的榮銜。有人說:夏的成功是「機遇」和「努力」所造成。但我認為:

沒有這樣簡單。請聽我略述從頭。

英文寫作真本事

夏志清出身於教會學校。小學、中學、大學，都和教會有關。他的英文經過長期的嚴格訓練。他從小學、初中時代起，就對美國電影入迷。高中畢業後，還寫了一篇〈好萊塢大導演陣容〉，發表在上海《新聞報》上，連載了兩三天，引為平生快事。

夏考進滬江大學英文系後，第一年即因英文作文出眾而被老師另眼看待。到了大三，夏已是英文校報文藝編輯；大四時，接任該報編輯。他的大學英文畢業論文，寫的是英國詩人丁尼生(Alfred Tennyson, 1809–1892)。最令他發揮英文寫作才華的機會，當然是他在北大當助教那年，參加李國欽留美獎學金考試，竟然擊敗包括他的兄長夏濟安在內的一夥講師助教競爭者，而贏得榜首。在那次競試中，夏除了當場交出一篇英文作文之外，還寫了一篇以英國詩人布雷克(William Blake, 1757–1827)為題的二十多頁英文論文，得到主考人的特別青睞。

夏來美前，向耶魯大學英文系申請入學時，打算研究莎士比亞(William Shakespeare, 1564–1616)。結果，選了英國詩人克拉布(George Crabbe, 1754–1832)，做為博士論文的研究題目。離開耶魯後，教了好幾年大一、大二英文，每週要改三、四十本英文作文，改不勝改，苦不堪言！此時，夏的英文已是千錘百鍊，爐火純青。這才是他能用英文有系統地撰寫《小說史》的真本事。

搬出世界文學名家

夏志清撰寫《小說史》時，面對著五四運動「文學革命」以來，不僅陣容龐大，而且背景複雜的中國作家群，顯出了他對「個人」與「團體」兼容並包的智慧。他一面依據個別作家的才華與作品，分別其高下；一面衡量政治、社會的情勢和當時文學思潮的走向，將個別作家分別其歸屬。然後，他就運用純熟的英文工具，將大量的文學資料，通過閱讀、分析、整理的研究過程，再兼用傳統與創新的批評方法，從局部到整體，井然有序，得心應手，完成了《小說史》的傑作。

基本上，夏撰寫《小說史》的閱讀對象，顯然是英文讀者，特別是美國讀者，其次才是非英語國家英文系師生。因此，他有必要把世界文學名家搬出來，藉此比較中、外作品的個別性、共同性和差異性。筆者隨意而又有選擇性地列舉如下：

希臘：荷馬。

義：但丁。

挪威：易卜生。

愛爾蘭：喬哀思、葉茲。

英：狄更斯、王爾德、斯各特、密爾頓、喬叟、艾略特、布雷克、蕭伯納、雪萊、阿諾德、莎士比亞、曼斯菲爾、奧斯丁、拜倫、勞倫斯、華滋華斯、哈代。

俄：托爾斯泰、陀思妥耶夫斯基、契柯夫、普希金、高爾基、屠格涅夫。

德：歌德、海涅、托馬斯曼、卡夫卡。

法：左拉、雨果、福樓拜、莫泊桑、法蘭士、羅蘭、卡繆。

美：惠特曼、辛格勒、福克納、奧尼爾、賽珍珠、詹姆士、費滋傑羅、海明威。

印：泰戈爾。

夏巧妙地運用這些世界文學名家及其作品，烘托相關的中國作家及其作品，使西方讀者對夏著倍增親切感，無形中將中、西文學中的「文化牆」拆除，使東、西方文學交流暢行無阻，不僅不受中國人名、地名的陌生感所限，反而更顯出了中國文學的特性。這是非常了不起的學術性創舉，值得我們大書特書！

在美國大學教中國文學

但是，對於包括臺灣中文系師生在內的中文讀者而言，夏志清英著《小說史》，即使有中譯本對照，亦非一本易於通徹瞭解的著作。上面列出的世界文學名家，混雜在中國作品、作家之中，不但無助於讀者瞭解中國小說發展的過程，反而製造了人為的「障礙」，使得不懂英語或懂英語不多的讀者，「望而生畏」，因此未及讀完，或僅讀了幾章，便覺得索然無味而放棄一邊。這當然不是著作者所願意看到的事情。

事實上，在美國大學教中國文學的講師、教授們，不是國內中文系而是外文系畢業生的，大有人在。例如：哈佛大學的李歐梵、哥大的王德威、威大的劉紹銘（筆按：現已轉任香港嶺南大學）、聖塔巴巴拉加大的白先勇，以及夏志清本人等，都是國內外文系畢業生。他們得力於英文工具，並在美國大學取得碩士或博士學位，便在美國教授中國文學，既有好處，也有壞處。好處是：中國文學這門課在美國大學可以開得出來，滿足學生需要，並有師資可聘。壞處是：中國文學由外文系畢業生教，有些課程實在是勉為其難，因為外文系畢業生很少具有經史子集、以及文字聲韻訓詁基本訓練的。他們所能教的，大概也祇有「小說」和「語文」，連「唐詩」、「宋詞」都只能點到即止，不能深入討論。

夏在離開耶魯大學後，曾去密西根大學當了一年訪問講師，教授「中國思想史」。他這樣說：

頭一學期，教先秦思想，孔孟老莊墨韓諸子自己以前讀過些，教起來還蠻有味道的。第二學期，董仲舒教起，就不大對勁，接著要講到好多佛教派別，再下去是宋明理學，準備起來都相當吃力。我至今對佛學、理學毫無好感，同那一年教書有些關係。（見中譯《中國現代小說史》，頁六）

這段坦誠的「供狀」，在在說明外文系畢業生，在美國教中國文學（文化）所遭受的困窘。

這當然會影響教學的成果：美國中文系畢業生的素質與就業問題。

身為臺灣中文系畢業生的筆者，藉此良機向國內教育界進一言：大學中文系同學，如有志到美國大學教中國文學（文化）的，必須磨練英文工具。大學畢業後，可直接申請到美國研究所，攻讀「中文博士」或「比較文學博士」，然後順理成章地在美國大學教中文；亦可在國內中文研究所讀一年，把英文工具掌握好，再申請轉學到美國讀「中文博士」或「比較文學博士」，然後留在美國大學教中文，為美國培養中文學士、碩士、博士人才。

三個半英國詩人

丁尼生、布雷克、克拉布和艾略特(T. S. Eliot, 1888–1965)，是影響夏志清最深的四個——也可說是三個半——英國詩人，因為艾生於美國密蘇里州聖路易市，讀了哈佛大學之後，始定居英國，三十九歲入英國籍，所以算是半個英國詩人。

丁是英國男爵(baron)貴族，讀名校劍橋三一學院，擅於寫抒情詩。一八五一年贏得「桂冠詩人」榮銜。艾略特稱他為表現「韻律」與「哀情」的大詩人。有點像王維。

布為倫敦襪商之子，無錢上學，做版刻學徒工，後來進入皇家學院，然後成為書商的版刻師。他的詩集多由自己插圖、版刻出版，詩中帶有「神秘」色彩。因出身貧窮之家，故詩中充滿「憤怒」和「抗議」，同情社會下層的不幸者，如童工、妓女和被迫當兵者。有點像杜甫。

克為鹽稅收集人之子，先做醫生學徒，然後成為教區醫生。他擅長敘事詩；對農村生活和自然景色的描寫亦很拿手。拜倫稱他是最佳的自然界「畫師」（詩人）。中年時，不幸吸食鴉片成癮，使他後半生過得很痛苦。有點像陶淵明（飲酒成癮）。

艾為二十年代以來英國詩壇的主將，讀美國哈佛、法國Sorbonne、英國牛津名校；做過銀行員、編輯、期刊發行人和書店經理，一躍而為當時文學（化）權威人物。他開創以明諷、暗喻、大都會、抒情和哀悼的現代詩派。他的散文與評論和詩一樣出眾。一九四八年獲諾貝爾文學獎。有點像韓愈。

重操舊業此其時

夏志清在英詩方面的才華，我祇看過他寫的一篇〈妓女、士兵、窮小孩——布雷克名詩賞析〉（《中華日報》，一九九三年二月十五—十六日）。他把梁實秋中譯布雷克〈倫敦〉一詩，講析得入木三分，讀起來非常過癮！他在青年時代對布雷克的偏愛，以及他為留美獎學金競試寫的布雷克論文所下的工夫，用在解析這首小詩上，當然是綽綽有餘。他在文中指出：布雷克係站在人道主義立場，為貧孩、士兵、妓女請命，而敢控訴政府、教會、婚姻這維持英國社會秩序的三大制度的。這需要很大的勇氣，才能做到。

現在，夏功成名就，篤定安享餘年。我總覺得：他此時應該重操舊業，回到他迷戀過的十八、九世紀的英國詩人懷抱，將「學習英詩的心得」寫出，讓大家欣賞；或者編一部「英國詩選」，供大家研習，也是意義非凡的人生大事。

總之，夏一生以「美國電影、英國詩、中國小說」三門學問為標榜，縱橫學界，馳騁文壇，成績斐然，有目共睹。我能揮筆，略述一二，亦覺榮幸焉！

二〇〇〇年八月十八日稿成紐約灣邊

夏志清、劉再復談羅素

無巧不成「文」。同一天讀到兩篇「談羅素」的文章：一長一短，一深一淺，一舊一新，但是文旨不同，對象迥異。我覺得有必要將心得寫出，供有興趣的讀者參考。

一篇是夏志清的〈羅素與艾略特夫婦〉（載《夏志清文學評論集》，聯合文學出版社，一九八七，頁三—三五），著於一九八四年，長兩萬餘字，是一篇學術論文，其對象是學界人士。夏私下認艾略特（1888–1965）為師，可知他對艾崇敬之至！

夏文旨在揭穿英國大哲學家羅素（1872–1970）虛偽的一面，言行不一，尤其是對待女性，更被指是「人馬獸」的怪物，意即對女性極盡玩弄之能事。夏搜集各種資料撰此長文，為艾略特夫婦鳴不平，因為羅素對「學生輩」艾略特的年輕活潑太太費文染指，弄得她神魂顛倒，精神失常，以至於死於精神病院，享年不及六十。

另一篇是劉再復的〈論羅素的三激情〉（載紐約《世界日報》副刊，二〇〇〇年九月十七日），是以和女兒劉劍梅通信（父女兩地書）的方式發表的，長約一千五百字，其對象是一般讀者。

劉文對羅素的「三種激情說」大加讚賞，說這三種激情的結合，是「完整生命」的表現，是「真正的人的生命組合」。顯然，他在向女兒「灌輸」羅素的「三激情」概念，希望她思考和學習，然後形成她自己的「完整生命」，殊不知羅素對待女性，既「虛偽」，又「濫情」，並因此毀掉了許多女子的幸福。

羅素在他的《自傳》的前言裡，提出了「三激情」：「三種單純而強烈得不由我不服從的情感支配了我的一生：渴望愛情，探索知識，關懷人類的痛苦而不能自堪。」這句話說得很漂亮。但夏為了「知識良心」而說出了真相：

但所謂「渴望愛情」，其實是生活上少不了女人，少不了情慾的刺激。羅素稱得上是有史以來最風流的哲學家，先後四個太太，情婦何止四十個？不管他同某人相愛期間如何溫柔體貼，到分手的時候總不免帶給她或多或少的痛苦。……他憐憫人類，可並不憐憫即將被逼離婚的太太。他急於公義而骨子裡去不掉「私慾」——儘可能

他為社會、世界謀幸福，但他同樣重視，也可說更重視自己個人的幸福，不讓自己在愛情生活上吃一點虧。（見夏書，頁七—八）

夏在與羅素同時代的英國作家、詩人的作品中，找到了影射羅素的暗語，如「博學、乏情」，「陰險、邪惡」、「色狼」、「巨大蜥蜴」和「人馬獸」，予讀者印象深刻。

再讀一讀劉文對「三激情」的解釋：

> 許多人的人生有婚姻，但未必有愛的激情，但這種激情畢竟比較容易，僅有這種激情的人生有快樂，但未必精彩，也未必有大幸福。具有大幸福的人應當對於知識和對於弱者投以生命的激情。

劉欣賞羅素的「知識激情」和「人道激情」，是可以理解的；但是，他竭力地宣揚羅素式的「愛情激情」，便顯得不知底細，恐將誤導他女兒劉劍梅教授。我希望後者讀到此文後，也將夏文找出來對照一下，或許有更多的發現。

羅素是英國的大師級人物，其地位就像中國的胡適和美國的杜威一樣，對人類的影響廣大而深遠。羅素的學術成就，首屈一指，無人非議。但是，他的「三激情」說，和他的「人格表演」，應該受到後人的檢驗，不斷地檢驗，才可以去蕪存菁；而對人類文化的發展，才能發生指標作用。

二〇〇〇年九月十八日初稿紐約灣邊，原載二〇〇〇年十月十二日《中華日報》。

夏志清教授談文學前途

時間：一九八七年十月二十四日下午

地點：紐約哥倫比亞大學東亞語文系Kent Hall四二〇室

文學，基本上是觸景生情之作。然而，文學在中國，當作傳道、入仕和政治工具日久。它那抒情的特性反被忽視。加上現在社會對文學的報償愈來愈低，和其他專業相比，簡直不成比例。這就影響到人才投資的方向，進而形成世人重理工、輕文藝的失衡心態。加上科技產品，如廣播、電影、電視、錄音、錄影、電腦等充斥市場，以聲像之簡易和文字之深奧相競爭，搶去了個人許多業餘時間。這樣一來，文學的市場跟著縮小，作家的需求量亦隨之下降。文學，在這些不利的條件下發展下去，其前途之不樂觀，亦預料中事也。

夏教授在〈文學的前途〉一文中，赫然提出相似的論點。但這是他十三年前的看法，不知現在有無改變？於是，懷著好奇心和求知慾，在第三次拜訪他時，作了一次錄音談話。下面便是他的答問：

電子媒介衝擊文字媒介

問：夏教授，您在〈文學的前途〉一文中說：「我對文學的前途，不抱太大的樂觀。」那麼我們——尤其是學文學的人——應該朝哪個方向努力，才能使文學的前途變為樂觀？

答：這篇文章是十多年前寫的。那時，我這個人比現在還要悲觀一些。當時，美國左派很多；而中國掀起文化大革命，社會亦未開放。那時中國大陸根本沒有文學。最近七、八年來，一方面因為雷根上臺以後，美國情況好轉；可是十月股票大跌，還是很糟。另一方面，因為鄧小平上臺以後，中國情形也好轉。但是那時，美國被radicals（即急進派）所控制。臺灣那時比較好，仍然繼續文學創作，不受干擾。

現在，大陸文學作品多不勝言。而我這位六十多歲的人，要把作品都看完，趕得上時代，真是非常吃力！可是，不要太悲觀是對的；年輕人不可能太悲觀。年輕人的好處，如我過去讀文學時，從未發生「文學的前途」這個問題。最近，中國大陸文學家、批評家人才輩出，表示中國雖被老毛統治了三十年，人性還是存在。他們還是講真話。由此而看，中國文學的前途還是比較樂觀些。他們共產黨人講思想改造，並沒有把文學創作應講真話這一點去掉。在國外看國內的文學作品，有人敢講真話這一點，是非常好的。總之，中國人思想並未受共產黨改造而失去文學講真話的特性。這一點是很了不起的。

還有，我那篇文章，並非祇講中國情形，而是對全世界講的。現在年輕人看電視、看電影，太方便。它們的魅力愈來愈大。而文學作品的魅力和看它的人，則愈來愈少。現在連《紐約時報》、《每日新聞》看的人都很少。大家晚上看看電視，講講話，一兩個小時就過去了。一家人的業餘生活就是這樣。所以現在報紙銷路都不大。這個問題牽涉到文字本身的問題。唸書，唸文章，是很難的事。很多搞中國文學創作的人，要唸四書五經做基礎。這是很不容易的事情。中國古代人要考進士、狀元，被老師打，所以拚命唸。但是現代人學兩三年computer，就可做事，快得很。學文學沒有用，沒有market。美國亦如此。請問：學「莎士比亞」幹嗎？除了教書。唸希臘文學、羅馬文學，更是這樣。學文學，除了寫文章，還能做甚麼？文學本身的吸引力愈來愈少。這就是我愈來愈覺得悲觀的原因。而新的媒介如電視、電腦，卻愈來愈方便，一按電鈕，即可應用。

中國人過去文章不通，信寫不來，那就非要把古文讀通後才能寫「父母親大人膝下：敬稟者」之類。現代人寫信稱「爸爸、媽媽：您好」，也是一樣，沒有甚麼難為情。鄧小平寫信時亦如此：「某某同志：你好。」文學，是因為需要不足而跌下來。英、美文學亦如此。希臘文、拉丁文不學一些，寫起文章來就要差一些。這是沒有辦法的事情。中國文字更是如此。寫白話文需要有一些古文根底。這是很困難的。現在報上常說：中國文字不通的人太多；有的人寫得一塌糊塗。我的朋友余光中最近寫文章也這樣指出。甚麼道理？很多新作家從小沒有耐心唸古文，西洋文學看得太多，翻譯文章也看得太多，所以才有這種現象。這使我感到很悲觀。中文愈來愈像從英文翻譯過來，而且翻得又不好看。這是因為中文結構自成體系，並且不斷改進的緣故。

過去，唸書，即唸文學，唸經書。現在，學校科目這樣多；科學、技術各方面知識這樣多。文學愈來愈不受重視。學校為了滿足學生需要，文科就愈來愈少。現在，從大陸、臺灣來哈佛、哥大留學的人，唸科學的人很多，而唸文學——像我過去在耶魯唸文學博士——的人很少。真是「少數民族」！簡直沒法子。美國人亦如此。過去，我的學生男女各半；現在，女生愈來愈多。男人要賺錢養家，只有女人才有閒工夫學些文學。文學變成女人的世界。當然，女文學家愈多愈好。但這是陰盛陽衰呀！過去，中國男子中進士、當狀元，都會寫文章；而現在聞名作家都是女的。大陸這樣，臺灣也如此。這裡面道理很多。女作家愈來愈多，男作家愈來愈少。男人不爭氣！

再來，時代也變了。當年，我們中國有道教、佛教和「孔教」。文學有傳道的功能。西方的基督教大約也有二千年的歷史，教人悔罪和行善。不管怎樣，有宗教信仰的人，生活上都會增加一些麻煩，因為道德問題很重要。現在，男女同居，除AIDS（即愛滋病）外，沒甚麼可怕。這對文學也有影響。看古代文學和十九世紀文學，沒有知識背景的人看起來會問：「為甚麼女人會那樣糊塗？睡覺就睡覺，還要管那些道德問題幹嗎？」很多問題，當年成問題，現在不成問題。生活現代化以後，文學的複雜性，很多人不容易欣賞。最近，《紐約時報》上有文章指出minimal fiction，minimal art（即最低限度的小說、最低限度的藝術），沒有甚麼內容。寫寫男女睡覺、男女講話一類東西，簡直沒有甚麼境界可言！

相比之下，中國人還是比較努力一些。在文化大革命中，中國人吃了大苦！講出來，要跟當年俄國人、猶太人一樣。這就是所謂「人性的記錄」。中國人還有很多好寫，而美國人簡直沒有甚麼可寫。中國人是真正吃過苦的，所以在「人性的記錄」上，一定可以跟當年「俄國文學」相比。所以我也不完全悲觀。不過現在我年紀大了，覺得文學這樣多，真是可怕！學電腦，花兩三年就可唸完；而文學卻有兩、三千年的累積，怎麼能唸完？如果年輕人沒有一股勇氣的話，簡直不敢唸文學。

文學家應關心的問題

問：夏教授，剛才您說：文學在往下跌。中國、美國，莫不如此。中國好像好些，美國情形更糟。我想接下去問：文學對提高人的品質甚有幫助。既然如此，社會理應重視它才對。可是現在社會反其道而行，眼看個人品質下降，給社會帶來很大的麻煩。可否請您說明文學、個人品質和社會三者的關係，應如何擺平？

答：按照中國人的說法，文學是可以陶治性情、提高品質的，但是文學也要講真話。二十世紀的文學，用世俗的道德眼光來看，就會令人搖頭。首先，男女的關係就不正常。尤其是西方文學，講的都是邊端、極端的事情，亦即不常在我們身上發生的事情。他們把人生當做實驗室來研究。看古代文學和十九世紀文學，在人的身上發生各種不同的衝突。如吃飯，吃不到，會不會偷？又如女人，為了和她睡覺，是不是要騙她？過去有這些問題存在。現在這些問題還是存在，雖然概念不太相同。講謊話騙人，不論男女，心理上總覺得自己是個騙子。

文學，一方面可以增進瞭解，一方面也教人寬恕。真正學文學如我者，覺得沒有什麼不能瞭解的人生問題。中國有所謂「衛道之士」，讀書不多，只懂得一些儒家經典，看看這也不是，那也不對，拍桌子，直搖頭。我們也搖頭，但是方法不一樣。道德問題還是存在。例如性的問題。西方古代文學認為男女上床是大事情，中國過去也是這樣看法。用現代人眼光看，女人被男人騙了，有的是吃虧，也有的是自願。二十世紀的臺灣文學看到了這一層，大陸現在也看到這一層。看穿了，也覺得就是這麼回事。但是道德問題還是存在。做人問題還是要注意。不能說是男女關係公開後，道德問題就不存在。但是道德標準變了。文學的吸引力也受到影響。現在，看中國舊小說，實在看不進去，太腐舊了！它那一套仁義道德，全是封建思想，全不是真話。一個女人受了冤枉而自殺。但是我們想知道：她為什麼要自殺？她犯了什麼錯？

文學離不開道德問題。我們看穿了性的「大防」問題之後，別的道德問題還是存在。如越戰問題，反戰人士曾經認為美國欺侮越南人民。剛才我們在哥大校園碰到遊行。那些人反對雷根政府干涉中美地區內政。可知道德問題還是存在。左派道德、右派道德、基督教道德、佛教道德等，問題很多。例如：臺灣的環境污染問題，危害到動、植物的生存。這個問題比男女問題更大。現在討論的是大問題。男女之間的婚前睡覺或婚後睡覺問題，已不受人注意。但是問題還是有。例如：戰爭問題、人道問題、黑人問題等，美國的問題多得很。

我們可以把「人」看得小一點。在中國，人被尊為「萬物之靈」。而基督教說：人是上帝按照祂自己的形象而創造的。他們都把「人」看得太大。我覺得：看小一點，比看大一點，人的責任更大。人的生存本身就是個道德問題。講起來很殘忍：一家一個小孩。但其背後有更大的問題。人口太多，把中國都弄壞了，這真是沒有辦法的事情。中國人，這樣多，殺不完！中共殺了多少人？抗戰期間殺了多少人？結果是：愈殺人愈多，愈殺愈旺！這是一個不得了的問題！

文學，就代表我們要講真話。文學，還真是要談人類前途問題，因為這個問題最重要。我們講個人關係、家庭關係和社會關係，這些都不太重要。還是人類怎樣活下去最重要，因為這個問題範圍最大。例如：中國的阿城在《棋王》中所講，不只是「人權問題」，實在是「生活權問題」。空氣這樣壞，人如何活法？文學家應慢慢地把人報導得少一些，把自然科學和文學的關係連起來，因為道德問題和吃飯有關。豬肉吃得愈多愈有害。人類前途問題也是文學問題。健康報導非常重要，看的人很多。這雖不是文學，但比文學還要重要。Cholesterol（即膽固醇）和酒，吃得愈多愈容易死。現在大家都不吃Cholesterol。這算不算文學呢？一樣是文學，是新的文學。

文學創作勿囿於教條主義

問：夏教授，您的成名著作是《中國現代小說史》，後來又寫了《中國古典小說》。

這等於說：您對中國小說──從古代到現代──研究，已經建立了一套完整的體系。那麼，從中國小說研究中，您一定看到中國民族性的優劣面。有人說：「二十一世紀是中國人的世紀。」這是一項可以實現的「宏願」，還是一種空中樓閣式的「幻想」？

答：中國人的善惡看法，在中國舊小說裡比較明顯。所謂「善有善報，惡有惡報。」做好事的人當然有好報。這是毫無疑義的問題。中國小說裡的壞人也有，可是在我看來，他們並不是壞。例如《三國演義》裡的曹操很壞，因為他殺了很多人，但是他是個奸雄。他那種壞，反而表現出中國人的「高才」。功夫高極啦！用儒家傳統來看，問題就簡單了。像我這樣生活在二十世紀的現代人，看了很多西洋東西，又看了很多不同的小說，就不會用當年小說家的道德觀念看問題。一方面我要講治學方法，一方面我要用自己的觀點，來權衡當代人的看法。善惡問題在演義小說裡比較簡單。忠臣、孝子、昏君，各有不同的結局。發生在曹操身上的很多動作，是很有意思的。小說裡人物的個性與心理、善與惡，分也分不清。這裡面大有玄機。

又如《紅樓夢》裡的人物：賈璉很壞，講起來很容易；賈寶玉，講他好壞，就不太簡單。問題，從簡單看，就很簡單。教條主義，就很簡單。深入一點去看，就不簡單。

所以善惡問題並不簡單。在幾部好的舊小說裡，善惡問題也是很複雜的。《紅樓夢》裡的社會非常壞，連丫頭都要自殺。講出來，真是嚇人！但是，從這裡面看到的各種人性表演，就覺得《紅樓夢》實在是一部偉大的文學作品。

我認為，在人性方面，給人看得愈多的小說，其價值愈大。愈是用教條主義寫的小說，愈是沒有價值。我就是不喜歡讀用共產黨教條主義寫的小說。即使用儒家教條寫的小說，也是不好。因為這些都是假的。所以自五四運動以來的新文學，就是要expose（即暴露）中國人的虛偽。所謂「道貌岸然」的老先生，都是有問題的。新小說家一方面expose過去中國人毫無疑義的道德標準，一方面也是看問題看得比較透徹一些。道學先生並非道學，而是很寂寞，需要異性陪伴，又講不出來。這樣就很可憐！

我覺得，他們值得我們同情。窮人值得我們同情，即使富人也值得我們同情。凡是人，就值得同情！因為我們不是仙人。我們總有一天會死掉的。學問好的人，像我這樣到了六十六歲，腦子總要差一些。不像以前。做人就值得同情。沒有一個人可以高高在上，以為自己是最好的。好的文學，會把人的biological limits（即生理限制）公佈出來。亦即把人的「局限性」說出。

現代中國小說的好處在：它能看出中國社會問題的癥結所在。舊小說看不到這些。現代小說可以看出為什麼中國社會有那麼多的人力車伕、老媽子和妓女，因為中國人民太窮了。為了突出這些人，就把統治階級和有錢的人講得壞一些。這就表現出中國文學的膚淺——把有錢、有勢的人諷刺一下。把這些人諷刺一下是對的。但是，「諷刺文學」並不是文學的最高境界。

現代中國文學的好處，是把舊社會人的尊卑觀念否定了。窮人並不是不好；富人——儒家的代表人物——並不是都好。這一點是新文學的貢獻。為什麼我反對中共的小說，因為它把社會問題簡單化，就像「孔教」把社會問題簡單化一樣。小說，一旦簡單化，就無文學味道。中共小說，就是這樣。你是幹部，思想好，人也好，是英雄，晚上不睡覺，替人民服務；你是地主，或是地主的兒子，思想有問題，身分有問題，一定自私，一定想辦法騙國家的錢，一定很壞。那時候，我看這類小說，真是看得心煩！這種「文學」，把人的階級劃成一條線，真教人讀不下去！如果人的思想被階級限制，那麼還做什麼人呢？例如托爾斯泰是個貴族，對貧民特別有興趣；釋迦牟尼是個印度王子，為解除人類痛苦做出貢獻。把人看得太簡單以後，文學就沒有什麼內容。

現在，中國文學表現得好一些，幾乎沒有一本小說是按照共產主義教條寫的。寫人性就要這樣。共產主義，我們要批評；三民主義也一樣。在學校裡教三民主義的人，總是被人取笑。什麼道理？並不是他人不好，而是由於責任關係，他只好教黨義，別的不好講。所以講出來，什麼都對，沒有一點錯。這真是奇怪！我對牧師的話也無興趣，因為他講出來的話，每句都對，沒有一句是錯的。這樣做人就沒有意思了。所以用黨義代表一切，就行不通。

中國人的枷鎖

我覺得中國人最可憐！一方面人太多了；一方面被傳統教育限制，忍苦耐勞，對社會角色無條件的承擔。過去，做一個太太，當丈夫要娶小老婆時，她也無法干涉。大臣見皇帝要磕頭；見不到皇帝又誠惶誠恐。而皇帝又要向天磕頭。每個人都磕頭。這樣看，做一個中國人，真是很難做！

在中國舊小說裡的尊卑觀念，對上恭維，對下壓制。中國家長在外面吃苦，卑躬屈膝，阿諛逢迎；回家後把太太、兒子教訓一頓，甚至還要叫小孩唸書給他聽。這是什麼意思!?真是混賬的爸爸！（兩人大笑）中國人在妻子兒女面前耀武揚威，真是丟臉！在外面對經理、老闆恭維得要命；回家又變成另一個人。過去做爸爸的，認為兒子的一切都是他的，所以伸手向兒子要錢，也是天經地義。過去，中國社會問題很簡單，大家思想一致。可知孔孟思想實在比現在共產主義思想還要成功。三十幾年來的毛思想還是不成功！

在中國，還是孔孟思想成功。這一點真厲害！我們這些留學生從中國思想中逃出來真不容易！現在，普通中國人還是和過去一樣。這樣看，「孔教」比耶穌教還要成功。真是根深蒂固！學校裡，中國學生還是怕老師。中國人還是這樣。中國人要想真的有偉大的前途，一定要批判地接受，一定要重新做人！這比文化復興還要重要。臺灣講文化復興。現在中國大陸也講文化復興。外國人講佛教，它那裡也有個宗教研究所；洋人講孔夫子，他們就在山東曲阜開個研討會。還是拍洋人馬屁，亦即「崇洋」的表現。

破除迷信　摒棄宗教

中共在過去三十年中，把佛教、道教破壞掉，我覺得很好。這樣國家也乾淨一點。當時佛教的和尚也沒有埋怨說：我要回去做和尚。現在洋人和留美華人學者講宗教，他們也講宗教。我看：宗教是死路一條，沒有辦法。人愈來愈進步，宗教的力量就愈小。現在，真正最落後的國家、地區，是信伊斯蘭教的國家和信喇嘛教的西藏地區。可知宗教害人不淺！你看：在霍梅尼統治下的伊朗，那些回教徒都不怕死。而我們一般人都怕死。他們認為自己是「上帝的代言人」，殺了美國人，覺得是天經地義。真是亂得很！

我看人類將來要變，並不是變得怎樣進步，而是發現過去兩三千年的所謂「真理」，可能「不真」。上帝和佛，應該讓位。因為用科學看世界，各方面都不一樣。其實，上帝有沒有，和我們沒有關係。祂——上帝——在天上做皇帝，從來沒有一次干涉過我們。但是，中國人講什麼「雷打不孝子」，完全是假的。雷打下來，你、我都可能被打死，即使我們都是「孝子」。沒穿膠鞋、站在大樹下的人，都會被打死。那些戴膠手套、穿膠鞋的人，就是殺過父親，也不會被雷打死。這是因為膠不傳電，所以打不死，不是因為有沒有上帝。你想：懂得這種道理的人，你再教他什麼「雷打不孝子」，他還相信什麼上帝呢？

今天美國的幾樁醜聞，都和宗教有關。這次，Pope（即教皇）到美國來，很可憐，我很同情他。這個人是個勞碌命，東奔西跑，別人都不聽他話。一語戳穿，上帝不幫他忙！也就是沒有上帝。如果上帝幫他一個忙，那真不得了。顯個靈，給大家看看，哪個不服他!?

我們的宗教時代已成過去。當然，這不是講個人宗教，而是說「群眾運動式的、對國家控制的宗教時代」，已經過去了。就是馬克思主義也在衰退中。蘇聯，自戈巴卓夫上臺後，改變了許多。所以我覺得現在情形比較樂觀。

人，都是一樣，都要吃飯。逼人家做事，做五年、十年、三十年，還可以；再做下去，別人就受不了。人吃苦能吃幾年？不聽話，就殺人，人殺得完嗎？所以鄧小平出來，戈巴卓夫也出來，把人民生活改善。教人民吃苦，有什麼意思？

我希望civilization（即文明）會變，變成沒有上帝、沒有神話、沒有鬼，什麼都沒有，祇有我們人和其他動、植物——我們要保護牠們。還要保護空氣、水和太陽。總有一天，太陽會消滅。這是超越我們想像能力、幾百萬年以後的事情。到那時，全人類的一切文化，都將隨之而蕩然無存。

本篇係〈三訪夏志清教授談文學前途〉的一部分，原載香港《明報月刊》一九八八年四月號。

夏志清教授提供的人文資源

夏志清教授和我，同為天涯飄零的「花果」，故有惺惺相惜、如兄如弟般的文友感情。一九六二年，夏來哥大當中國文學副教授。一九六四年，我由英轉美，來哥大教育學院當研究生。兩人自是定居紐約，他已三十八年，我也三十六年，稱得上是名副其實的New Yorker。

我們兩人都來自江南，我南京（江寧），他蘇州，合在一起，便是「江蘇」省名的來歷。兩人都是十二生肖中的第十位「雞」，祇是他長我十二歲。兩人都喜舞文弄墨，好說愛講，中、英文都行，和美國人在一起，感覺上和中國人在一起完全一樣，舒適自在。

當然，我們之間也有一些不同之處。例如：他結了兩次婚：ex-wife卡洛來自新英格蘭；現任太太來自臺灣（原籍山西），是小他十五歲的王洞女士。而我祇結婚一次，內人廖慈節是臺灣臺中人，小我十一歲。

在著作方面，他性喜長篇大論，著重於文學批評；我則性喜短篇小品，著重於生活（命）記錄。久而久之，他對學術界產生了巨大的影響；我則對普羅大眾產生了吸引力，可說是各有千秋。

他一直鼓勵我寫大塊文章。及至最近，我才下決心把已經寫了一百六十九篇的《灣邊小品》擱在一邊，重新開始，整理他十三年來提供的人文資源，希望從中發現可寫的題目，而不負夏的期望。

夏志清教授已達七九高齡。一九九一年自哥大榮休後不久，即患心臟不規律跳動症，且血壓時高時低，日常病情完全靠藥物控制。但他養生有道，且有自知之明，所以早就放棄遠遊。現在他注意飲食和睡眠，勤於走路，讓人看起來，面色仍然紅潤，而聲音宏亮，思如閃電，亦不減當年。我看他是一個能夠享有高壽者。我寫他的文章，能夠讓他過目、評正和補充，實在是意義非凡！

本文列出夏志清教授十本書（按：其中一本是四人合集；另兩本是夏濟安著作）、二十八篇文章、張愛玲給夏的一百封信及夏的註釋、和他給我的六十八封信。這些當然不代表夏的全部著作。譬如：《新文學的傳統》（時報文化出版公司，一九七九），和《夏志清文學評論集》（聯合文學出版社，一九八七），我手邊都沒有。但是，我敢說夏的一生大部分或重要著作，都陳列在本文之內了。

一、書十本

1. *A History of Modern Chinese Fiction* (Third Edition; With an Introduction by David Der-wei Wang; Indiana University Press, Bloomington and Indianapolis, 1999, 726p.)

筆按：主要內容包括早期小說（1917–1927）、早年成長期小說（1928–1937）和抗戰、內戰、戰後期小說（1937–1957）等十九章，另有〈一九五八年以來的中共文學〉一篇，還有附錄三篇：〈現代中國文學的道德負擔〉、〈旋風期〉和〈三個臺灣作家〉。

2. 《中國現代小說史》（前書中譯本，傳記文學出版社，一九七九，五百七十五頁）

3. *The Classic Chinese Novel: A Critical Introduction* (Third Edition, Cornell University, 1996, 413p.)

筆按：包括狄百瑞（Wm. Theodore De Bary）導言、夏序，及書的主體七章：〈導論〉、〈三國演義〉、〈水滸傳〉、〈西遊記〉、〈金瓶梅〉、〈儒林外史〉和〈紅樓夢〉；還有附

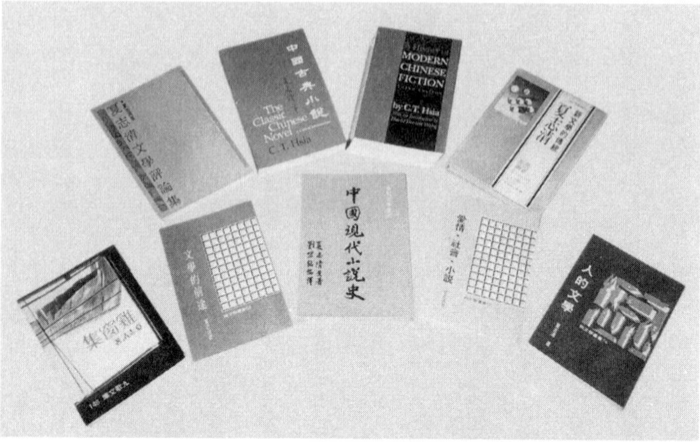

夏志清教授的中、英文著作。

錄一篇：〈中國短篇小說中的社會與個人〉。

4. 《文學的前途》（純文學出版社，一九八〇，第四版，二百四十三頁）

筆按：包括自序、〈文學革命〉、〈一九五八年來中國大陸的文學〉、〈文學的前途〉、〈《老殘遊記》新論〉、〈沈從文的短篇小說〉、〈姜貴的「重陽」——兼論中國近代小說之傳統〉、〈《又見棕櫚．又見棕櫚》序〉、〈白先勇早期的短篇小說〉、〈A．赫胥黎〉、〈《大亨小傳》——一則不朽的「愛的故事」〉、〈文學雜談〉、〈悼念陳世驤——並試論其治學之成就〉、〈悼詩友盧飛白〉十三篇文字。

5. 《愛情．社會．小說》（同前，一九八一，第七版，二百五十五頁）

筆按：包括自序、文章十篇：〈愛情・社會・小說〉、〈文學・思想・智慧〉、〈張愛玲的短篇小說〉、〈評《秧歌》〉、〈現代中國文學感時憂國的精神〉、〈戰爭小說初論〉、〈熊譯《西廂記》新序〉、〈湯顯祖筆下的時間與人生〉、〈亡兄濟安雜憶〉、〈夏濟安對中國俗文學的看法〉，和附錄一篇：居浩然〈說愛情〉。

6. 《人的文學》（同前，一九八四，三印，二百四十四頁）

筆按：包括自序和十二篇文字：〈《隋史遺文》重刊序〉、〈文人小說家和中國文化——《鏡花緣》新論〉、〈新小說的提倡者：嚴復與梁啟超〉、〈寫在《濟安日記》前面〉、〈教育小說家金溟若〉、〈《師友、文章》序〉、〈琦君的散文〉（「書簡」節錄）、〈余光中：懷國與鄉愁的延續〉、〈《林以亮詩話》序〉、〈追念錢鍾書先生——兼談中國古典文學研究之新趨向〉、〈勸學篇——專覆顏元叔教授〉和〈人的文學〉。

7. 《雞窗集》（九歌出版社，一九八五，三版，三百十七頁）

筆按：包括林以亮序、自序、文字十三篇：〈讀、寫、研究三步曲〉、〈上海，一九三二年春〉、〈紅樓生活誌〉、〈歲除的哀傷〉、〈渦堤孩・徐志摩・奧德麗赫本〉、〈看秀莉麥克琳演唱〉、〈好萊塢早期的華僑片和軍閥片〉、〈霍華・霍克斯的幾部名片〉、〈外行談平劇〉、〈「革命之子」梁恆〉、〈江南風景，異國情調〉、〈雜七搭八的聯想〉、〈最後一聚〉，和附錄一篇：琦君〈海外學人生活的另一面〉。

8.《四海集》（皇冠出版社，一九八六，二百七十頁）

筆按：此書為林以亮主編，收夏志清、林以亮、余光中、黃國彬四篇文論。夏文〈《玉梨魂》新論〉，係歐陽子（洪智惠）譯自英文。

9.《現代英文選評註》（臺灣商務印書館，一九七一，四百十三頁）

筆按：此書為夏志清兄長夏濟安選註，前有趙麗蓮序，載文四十六篇。

10.《現代英文選評注》（上海譯文出版社，一九八五，四百二十八頁）

筆按：此書為前書之簡體字版。趙序刪除。其中有五篇文字被刪掉。書後加上朱乃長〈校後記〉。

二、英文二十八篇

1. *Closing Remarks in Chinese Fiction from Taiwan: Critical Perspectives* (Edited by Jeannette L.

Fausot, Bloomington: Indiana University Press, 1980)

筆按：這本《從批評觀點看臺灣的中文小說》英文專著，是奧斯丁德州大學主辦的「臺灣小說討論會」所產生的。本篇是夏志清教授的〈閉幕詞〉，長達十三頁，花了很大的篇幅討論「鄉土文學」和它有關的作家、作品。他仍強調：作家的真誠和作品的真實，乃品鑑創作的兩把標尺。而偉大的作品，都是對人類長期以來的問題表示深切的關注。

2. 〈《傳記文學》與我〉（《傳記文學》，一九八二年七月號）

筆按：本文為《傳記文學》創刊二十週年而寫。夏除了稱讚劉紹唐創辦了一項大事業之外，也把「文史不分家」和「名人公私生活分不開」的道理敘述一番。雖是「弦外之音」，但足以啟發傳記作家。

3. 〈索忍尼辛與無名氏〉（《世界日報》，一九八四年五月二十一—二十二日）

筆按：本文為卜寧（即卜乃夫，筆名「無名氏」）《紅鯊》（*Red in Tooth and Claw*）寫的英文〈導言〉，經夏本人譯成中文發表。文中討論無名氏的作品，包括《北極風情畫》和《塔裡的女人》在內，然焦點在《紅鯊》一書。夏認為《紅鯊》篇幅雖少，卻足以與索忍尼辛《古拉格群島》相比，因為它同樣揭露了人命在共產極權控制下毫無價值。

4.〈夏濟安並無「志仁」之名〉（《傳記文學》，一九八五年五月號）

筆按：這篇書簡式短文，旨在改正史學家鄧嗣禹將「濟安」寫成「志仁」之誤，連帶地也囑侯健別將錯就錯，以訛傳訛。

5.〈諫友篇——兼評批唐德剛〈海外讀《紅樓》〉〉（《傳記文學》，一九八六年八月號；《世界日報》，同年八月三日和十日）

筆按：為了回應老友唐德剛〈海外讀《紅樓》〉（《傳記文學》，一九八六年五月號；《中國時報》人間副刊亦刊出）一文的點名「挑戰」，夏寫了一萬八千字的長文，淋漓瀟灑，誠然是筆戰中的上乘文字，亦可謂夏一生的難得之作。因雙方皆為筆者的紐約文友，對他倆的個性、背景及專長亦知之甚詳，故而忍不住寫了篇〈筆戰側評〉（《北美日報》論壇，一九八六年十一月三日）讀者可參閱本書上卷〈夏志清兩次筆戰探源〉一文。

6.〈我保存的兩件胡適手跡——為《傳記文學》銀禧之慶而作〉（《傳記文學》，一九八七年八月號）

筆按：夏藉《傳記文學》銀禧之慶，將胡適手跡兩件公諸於世，並將自己因獲李氏留美獎學金，而與胡校長接觸的情形，和盤托出。雖是小事，但卻看出胡、夏關係之不佳原因何在。

7.〈四十年前的兩封信〉（《世界日報》，一九八八年五月十九—二十三日）

筆按：這兩封信都是夏寫給兄長夏濟安的。最珍貴的是配合文章刊出的「夏家合照」。

8.〈頌夏賞秋，嘆春惜冬——評析《靜靜的紅河》〉（《中央日報》，一九八八年十二月二十九—三十一日）

筆按：本文是夏參加臺北「現代文學討論會」上所發表的專論。《靜靜的紅河》係作者潘壘於五十年代自費出版的長篇小說。

9.〈關於賽金花瓦德西公案（書簡）〉（《傳記文學》，一九八八年三月號）

筆按：夏致函劉紹唐社長，推薦魏紹昌著〈關於賽瓦公案的真相——從《孽海花》說到《賽金花》一文，希望《傳記文學》能夠轉載，以澄清「晚清文人、記者編造的謊話」。

10.〈作客二校，講學三題〉（《香港文學》，一九九一年四月號）

筆按：夏志清教授以科學委員會「邀請講席」的身分，去成功大學作了兩次演講，然後又去高雄中山大學作了一次演講。夏將在兩校作客的經過道出，再將三次演講摘要公諸於世，讓各地讀者分享其成果。

11.〈桃李親友聚一堂——退休前夕的慶祝和聯想〉《世界日報》，一九九一年五月六—七日）

筆按：本文是夏在哥大教學二十九年成功的總結篇，讀來令人鼓舞！它融合理性、知性、感性和人性的光明面於一爐，是一篇擲地有聲、影響深遠的佳作。

12.〈母女連心忍痛楚——琦君回憶錄評賞〉《中央日報》，一九九一年十一月八—十日）

筆按：這篇連載三日的萬言長文，把琦君的身世和作品，寫得暢快淋漓，同時也把琦君的創作成績加以肯定，讓她在中國文學史上享有相當分量的地位。

13.〈我的三S晚餐〉《世界日報》，一九九二年六月四日）

筆按：夏性喜長篇大論，極少觸及小品創作。這篇「千字文」，談他的營養晚餐：以spaghetti（麵條）、sardines（沙丁魚）和salad（涼菜）為主的美食，是他保健生活的一環，讀來頗有興味。

14.〈雛鳳清音〉《世界日報》，一九九二年十月五—六日）

筆按：夏為裴在美《異鄉女子》寫的序。他說：「三十年來我受人之託，寫過好多篇序，但這並非我閒著沒有事做，有求必應，事實上好多人請我寫序、寫書評我都加以婉辭了。像裴在美這樣初見面即答應為她寫序，更還是生平第一遭。」可知，夏對年輕而有才華的女性，極為提攜，值得我們注意。

15. 〈師友，花木，故鄉月——《馬逢華散文集》序〉（《聯合報》，一九九二年十二月二十九—三十一日）

筆按：夏為好友馬逢華教授的散文集寫的長序。文中談到文集的內容以及他與馬交往的情形，同時也自然而然地談及其他友人。值得注意的是：夏特地把長子樹仁活了四百天即夭折的經過，以及兄長夏濟安英年早逝的家庭悲劇，詳細寫出，讀之令人動容！

16. 〈妓女、士兵、窮小孩——布雷克名詩賞析〉（《中華日報》，一九九三年二月十五—十六日）

筆按：本文展示夏對中、西文學融貫的功力。他對梁實秋英詩〈倫敦〉中譯的褒貶，講得很中肯。在此同時，他也把早年研究〈倫敦〉一詩的作者William Blake (1757–1827)的經過依實寫出，讓讀者心服。

17. 〈殷志鵬其人其文——《紐約文展》序〉（《探索雜誌》，一九九三年四月號）

筆按：本文得來很不容易。過去，筆者至少有兩次向夏索「序」。終於他看在「雞年」（一九九三年）我生逢「甲子」的份上，為我寫了這篇序。

18. 〈愛的教育，母女的光輝〉（《聯合報》，一九九三年十二月二十九—三十日）

筆按：夏為《媽咪與貓咪》書信集寫的序。他把宋淑萍（臺大中文系教授）、翁均和母女間的「愛」，和母親為培養「音樂天才」的女兒，所付出的巨大代價，以及因此而得到的滿足，寫得淋漓盡致，非常動人！同時，他又將傅雷、傅聰父子的關係、教育方式及音樂成就，和宋、翁母女作對比，幫助讀者了解「愛的教育」與「人性的光輝」。

19. 〈瓊瑤．平鑫濤與《皇冠》〉（《皇冠》，一九九四年二月號）

筆按：夏為《皇冠》四十週年寫的文章。他從稱讚瓊瑤的才華，講到瓊瑤和《皇冠》出版人平鑫濤的合作與結合，點到即止。同時，他又把美國《時代週刊》與《讀者文摘》兩對出版界夫婦，和瓊、平對比了一下，也是恰到好處，點到即止。

20. 〈超人才華，絕世淒涼——悼張愛玲〉（《中國時報》，一九九五年九月十三—十四日）

筆按：夏早在一九四四年即認識張愛玲，因為夏那時不是「張迷」，故兩人並無交往。一直到了五十年代初期，夏因研究中國小說而讀到張愛玲的作品，才認為張是「今日中國最優秀最重要的作家」。一九五五年，張移居美國，創作力漸漸衰退，夏已不再堅持張是「最優秀最重要的作家」了。從張給夏的一百封信內容看，兩人交往甚勤甚密。張在一九七一年搬到洛杉磯後，無固定收入，且為各種疾病所苦，生活近乎潦倒，最後一個人安詳地躺在地毯上離開了人間。

21. 〈高克毅及其新著《最新通俗美語詞典》〉（《世界週刊》，一九九五年九月二十四日）

筆按：這篇長文是夏展現英文功力的又一佳作。高克毅即喬治高（George Kao）。夏稱高「是對西方讀者譯介中國古今文學的大功臣」。這本詞典是高的新著。夏「見賢思齊」，借題發揮，作了十五條補充，和原文互相印證，頗收宣傳之效。

22. 〈端木、海立與我——《大時代：端木蕻良四十年代作品選》的背景〉（《聯合報》，一九九六年十月十三——十六日）

筆按：夏從研究小說家端木蕻良作品，談到認識其人以及後進孔海立的經過，並因孔對端木有研究興趣，而與之合作，出版了這本端木選集。本篇即是夏為「選集」寫的序文。

23. 〈一段苦多樂少的中美姻緣——《張愛玲與賴雅》序〉（《世界日報》，一九九六年四月

十二—十三日）

筆按：夏為司馬新《張愛玲與賴雅》一書寫的序。夏稱此書是「張賴合傳」，亦是「兼談張早期、後期生活及創作的全傳」。司馬新根據資料，肯定張、賴相愛的事實；但夏卻認為賴的才華不高，年齡又太大（大張二十九歲），且係病體，經濟拮据，實在配不上張，所以是「一段苦多樂少的中美姻緣」。

24. 〈胡金銓與鍾玲——兩個宴會及其他〉（紐約《明報》，一九九七年八月二十三日）

筆按：夏為名導演胡金銓寫的悼念文字，談及如何與胡金銓、鍾玲相識，如何在胡、鍾婚禮上當了女方家長，讀來頗有趣味。

25. 〈錢氏未完稿《百合心》遺落何方？——錢鍾書先生的著作及遺稿〉（《明報月刊》，一九九九年二月號）

筆按：夏為錢鍾書逝世後寫的一篇紀念性文字。夏、錢曾有三次機緣聚在一起。夏在《現代中國小說史》中突出張愛玲和錢鍾書，自然會引起錢的歡心與敬重。兩人書信往還，互贈書刊，也就自然而然地變成文界「知音」了。夏希望《百合心》及早印出問世。此外，他對錢的巨著《管錐編》發表了個人的意見，認為不必提倡「錢學」，還是培植幾個年輕的「錢鍾書」，比較有意義。

26. 〈初見張愛玲，喜逢劉金川——兼憶我的滬江歲月〉（《世界日報》，一九九九年三月二十九—三十一日）

筆按：夏回憶當年在上海滬江大學讀書的生活，以及如何遇見張愛玲、劉金川兩位女士。最有意思的是：夏對劉「一見鍾情」，終身難忘！夏坦然地說出曾寫了一封五頁「真情流露的英文情書」被劉退回的慘綠心情，令讀者對他表示深切的同情！

27. 〈中文小說與華人的英文小說〉（《明報月刊》，二○○○年正月號）

筆按：夏看到「亞洲週刊二十世紀中文小說一百強」名單後，寫了這篇小品，講出他的「高興」和「後悔」。高興的是，他在《中國現代小說史》中提到的小說和作家入選；後悔的是，被他疏忽的蕭紅也入選。他對張天翼落榜表示失望，對林語堂《京華煙雲》英著中譯入選則表示異議。

28. 〈章緣小說四篇略評〉（《世界日報》，二○○○年六月二十一日）

筆按：夏在「視力減退」的情況下，為章緣新著《大水之夜》及前著《更衣室的女子》，各選了兩篇小說，寫下這篇短評。

三、註解張信一百封

〈張愛玲給我的信件〉（《聯合文學》，一九九七年四、五、七、八、九、十二月號；一九九八年正、四、五、七、八月號）

筆按：張愛玲，一九二〇年九月三十日，生於上海（舊稱浦西）；夏志清，一九二一年二月十八日，生於浦東。兩地一水（即黃浦江）相隔，同屬上海市。在年齡上，兩人相差僅四個月十八天，可謂同時代的人物。一寫小說，一評小說，相得而益彰，因此他們之間的書信往還，不僅顯示張夏私交之深厚與密切，而且在文學史料方面，亦極有價值。

每期《聯合文學》刊出〈張信〉後，夏即影印一份寄我參考，有時長達十三、四頁，不厭其煩，令我十分感動。刊出的一百封「張信」，配上夏寫的詳細的「按語」，讓我讀得如醉如痴，連呼過癮！

據夏於一九九八年八月二十七日來信稱：他已與聯合文學出版社簽了合同，出版《張愛玲給我的信件》，想不久可見此書問世。

四、來信六十八件

夏志清教授在過去十三年中，給我寫了六十八封信，平均每年五封，不可謂不多，不可謂不勤。而我寫給他的信，現在雖無確實數字可查，但相信也可與他的相提並論。〈夏志清書信中的人文關懷〉文中列出的六十八封夏信，是我已經找出來的。還有一些，散失他處，亦有可能。

夏寫的信，通常都用長信封、普通白紙。起初，他用過哥大東亞語文系信箋，大小都有。也有幾次用了《聯合文學》專用信箋，上面印有「鍾子期聽伯牙：善哉乎鼓琴，巍巍乎若太山」數語，倒也別緻。最令我稱奇的是：夏用了太太Della Hsia的Merrill Lynch辦公室便條，給我寫信。這封獨一無二的短箋（一九九三年四月十四日），將來一定很有價值。

至於信的內容，多半都是有關文友、文聚、文章、家庭、社會和旅遊方面的事情。

有次信中稱：「吾弟身體健，妻子在旁，兒女努力求學，真有福之人也！」（一九九二年九月十八日）。又有一次稱：「我英文只寫書和論文，不想隨便寫小品，望弟原諒我的苦衷，此例不可開也。」（一九九一年十月十五日）但是，夏「破例」給我寫了一封英文信，登在拙編*OUR PEN*第六期，時為一九九二年九月四日。

十三年來，夏志清教授提供了這樣多的人文資源給我，是偶然的嗎？無意的嗎？當然不是！我認為他是有意，也可說是必然要這樣做的，因為他早就發現我是一個惜字、惜墨、惜書、惜緣，同時又是一個能寫、能讀、能說、能評的文友。

上面列出的人文資源，絕大多數是夏當面題贈或郵寄給我的。特別是在今年二月二十三日，他將拓荒巨著*A History of Modern Chinese Fiction*題上「志鵬吾弟珍存」親手交給我的時候，他的心情是多麼愉快啊！而我連說「謝謝、謝謝」所顯出的感激情懷，也是非常真切的。

二〇〇〇年七月十五日稿成紐約灣邊

補記

一、書兩本

1.《新文學的傳統》（臺北時報文化出版公司，一九七九，三百七十五頁）

筆按：此書係夏自藏，特向他借來閱讀，連借兩次。去年十月，五返臺北，親至時報文化出版公司洽購而未成。該書已絕版。

本書內容包括作者自序以及文章四輯。第一輯新的傳統，載文三篇：〈現代中國文學史四種合評〉，《中國現代小說史》中譯本序〉，《中國三十年代作家評介》序〉；第二輯五四人物，載文五篇，附錄一篇：〈五四雜感〉，《胡適雜憶》序〉，〈胡適博士學位考證〉，〈小論陳衡哲〉，附錄陳衡哲〈一日〉，〈親情與愛情——漫談許地山、顧一樵的作品〉；第三輯當代小說，載文五篇：〈臺灣小說裡的兩個世界〉，〈陳若曦的小說〉，〈陳若曦的第一篇小說〉，〈正襟危坐讀小說〉，〈二報小說獎作品選評〉；第四輯師友文章，載文五篇：〈克萊娥蒙難〉，〈黃維樑的第一本書〉，〈陳荔荔、馬瑞志、余國藩〉，〈何懷碩的襟懷〉，〈重會錢鍾書紀實〉。

2.《夏志清文學評論集》（臺北聯合文學出版社，一九八七，三百零二頁）

筆按：此書亦夏自藏。去年十月去聯合文學出版社洽購，結果空手而回。本書除作者自序外，分成三輯。第一輯載文三篇：〈羅素與艾略特夫婦〉，〈重讀《一九八四》〉，〈《莫斯科的寒夜》序〉；第二輯載文四篇：〈《中國現代中短篇小說選》導言〉，〈曹禺訪哥大紀實——兼評《北京人》〉，〈端木蕻良的《科爾沁旗草原》〉，〈端木蕻良作品補遺〉；第三輯載文五篇：〈志士孤兒多苦心——評彭歌的小說〉，〈時代與真實——雜談臺灣小說〉，〈蔣曉雲小說裡的真情與假緣——《姻緣路》序〉，〈真正的豪傑們〉，〈梁錫華的才子書——《獨立蒼茫》序〉。

二、文兩篇

1.〈我與張愛玲〉（《明報月刊》，二〇〇〇年十二月號）

筆按：本文是夏去年十月下旬「冒險」飛至香港，參加嶺南大學中文系主辦的「張愛玲與現代中國文學國際研討會」，當場發表的「即興」演講詞。他用英文演講，經林賀超、黃靜翻譯整理成中文。

夏高評張的文學成就，得到歷史的肯定，覺得很感激（動）。他認為張愛玲是近幾十年來最有尊嚴的中國人。他對劉再復說張的天才是夭折，是一種失敗；那麼當年的自由主義文人魯迅後來和共產黨妥協，更是失敗。夏在《小說史》中突出張愛玲，使她名揚中外，成為中國文學史的一部分，並不居功，主要是因為張有她自己的文學魅力。同時，夏也指出：張並不喜拿她和別人相比，所以他從來不拿她和別人相比。

2.〈在美國教中國文學〉（《明報月刊》，二〇〇一年元月號）

筆按：夏乘在港參加「張會」之便，於十月二十七日受邀在香港科大發表演講，說出一生、尤其留學美國以後的努力過程及成功經歷，供年輕人做借鏡，饒有意義。本文的要點有六項：

(1)在美國教中國文學是「為人為己」，一舉兩得。「為人」指的是美國社會有此需要；「為己」是為了生活、生存和發展。「成就給人快樂」，意在鼓勵別人，也在慰勉自己。

(2)立志向學，名正言順。學習乃賞心樂事；不要去想當學者需要博覽群書，而是一本一本去讀，讀多了自有心得，時機成熟，就會發揮（表現）出來。

(3)去耶魯英文系讀書，係當時三個新批評派名家燕卜蓀（William Empson）、蘭蓀（J. C. Ranson）和勃羅克斯（Cleanth Brooks）推薦而成。夏不負三人所望，三年半內就寫完博士論文，獲得博士學位。

(4)夏不同於其他中國文學批評家，因為他先學英美文學，學成功之後，再回頭研究中國文學。他坦承是從外國人的角度看中國文學，所以比中國的批評家更能分析中國作家的優缺點。由於夏受過嚴格的學術訓練，故批評時無所畏懼，因此容易討好。

(5)夏認為教學、寫作、學習三位一體，分不開。他在哥大教唐詩、宋詞、元曲、明清戲曲、小說、現代小說、古典小說，什麼都教，希望把自己的中國文學水平，提高到英美文學水平。

(6)拿中國文學跟外國文學比很有意思。中國文學的題材、內容和風格，不及英國文學豐富，都因過去的中國文人一心想入仕途，不敢得罪官府，以免下獄、受刑和連累家族，這樣，文學的表現便大受限制。夏說：現代中國文學比傳統中國文學有生命力。

據夏說：本文亦用英文說出，事前並無講稿，係方無隅根據當場錄音翻譯、整理，並經夏細心審核。

二〇〇一年元月十五日稿成紐約灣邊

三民叢刊書目

①邁向已開發國家　孫　震著
②經濟發展啟示錄　于宗先著
③中國文學講話　王更生著
④紅樓夢新解　潘重規著
⑤紅樓夢新辨　潘重規著
⑥自由與權威　周陽山著
⑦勇往直前　·傳播經營札記　石永貴著
⑧細微的一炷香　劉紹銘著
⑨文與情　琦　君著
⑩在我們的時代　周志文著
⑪中央社的故事（上）　·民國二十一年至六十一年　周培敬著
⑫中央社的故事（下）　·民國二十一年至六十一年　周培敬著
⑬梭羅與中國　陳長房著
⑭時代邊緣之聲　龔鵬程著
⑮紅學六十年　潘重規著
⑯解咒與立法　勞思光著
⑰對不起，借過一下　水　晶著
⑱解體分裂的年代　楊　渡著
⑲德國在那裏？（政治、經濟）　·聯邦德國四十年　郭恆鈺　許琳菲等著
⑳德國在那裏？（文化、統一）　·聯邦德國四十年　郭恆鈺　許琳菲等著
㉑浮生九四　·雪林回憶錄　蘇雪林著
㉒海天集　莊信正著
㉓日本式心靈　·文化與社會散論　李永熾著
㉔臺灣文學風貌　李瑞騰著
㉕干儛集　黃翰荻著

㉖作家與作品　謝冰瑩著
㉗冰瑩書信　謝冰瑩著
㉘冰瑩遊記　謝冰瑩著
㉙冰瑩憶往　謝冰瑩著
㉚冰瑩懷舊　謝冰瑩著
㉛與世界文壇對話　鄭樹森著
㉜捉狂下的興嘆　南方朔著
㉝猶記風吹水上鱗
・錢穆與現代中國學術　余英時著
㉞形象與言語
・西方現代藝術評論文集　李明明著
㉟紅學論集　潘重規著
㊱憂鬱與狂熱　孫瑋芒著
㊲黃昏過客　沙究著
㊳帶詩蹺課去　徐望雲著
㊴走出銅像國　龔鵬程著
㊵伴我半世紀的那把琴　鄧昌國著
㊶深層思考與思考深層
・轉型期國際政治的觀察　劉必榮著
㊷瞬間　周志文著
㊸兩岸迷宮遊戲　楊渡著
㊹德國問題與歐洲秩序　彭滂沱著
㊺文學關懷　李瑞騰著
㊻未能忘情　劉紹銘著
㊼發展路上艱難多　孫震著
㊽胡適叢論　周質平著
㊾水與水神
・中國的民俗與人文　王孝廉著
㊿由英雄的人到人的泯滅
・法國當代文學論集　金恆杰著
(51)重商主義的窘境　賴建誠著
(52)中國文化與現代變遷　余英時著
(53)橡溪雜拾　思果著
(54)統一後的德國　郭恆鈺主編
(55)愛廬談文學　黃永武著
(56)南十字星座　呂大明著
(57)重疊的足跡　韓秀著
(58)書鄉長短調　黃碧端著
(59)愛情・仇恨・政治
・漢姆雷特專論及其他　朱立民著

⑥⓪蝴蝶球傳奇　顏匯增著

・真實與虛構

⑥①文化啓示錄　南方朔著

⑥②日本這個國家　章　陸著

⑥③在沉寂與鼎沸之間　黃碧端著

⑥④民主與兩岸動向　余英時著

⑥⑤靈魂的按摩　劉紹銘著

⑥⑥迎向眾聲　向　陽著

・八〇年代臺灣文化情境觀察

⑥⑦蛻變中的臺灣經濟　于宗先著

⑥⑧從現代到當代　鄭樹森著

⑥⑨嚴肅的遊戲　楊錦郁著

・當代文藝訪談錄

⑦⓪甜鹹酸梅　向　明著

⑦①楓　香　黃國彬著

⑦②日本深層　齊　濤著

⑦③美麗的負荷　封德屏著

⑦④現代文明的隱者　周陽山著

⑦⑤煙火與噴泉　白　靈著

⑦⑥七十浮跡　項退結著

・生活體驗與思考

⑦⑦永恆的彩虹　小　民著

⑦⑧情繫一環　梁錫華著

⑦⑨遠山一抹　思　果著

⑧⓪尋找希望的星空　呂大明著

⑧①領養一株雲杉　黃文範著

⑧②浮世情懷　劉安諾著

⑧③天涯長青　趙淑俠著

⑧④文學札記　黃國彬著

⑧⑤訪草（第一卷）　陳冠學著

⑧⑥藍色的斷想　陳冠學著

・孤獨者隨想錄

⑧⑦追不回的永恆　彭　歌著

A・B・C全卷

⑧⑧紫水晶戒指　小　民著

⑧⑨心路的嬉逐　劉延湘著

⑨⓪情書外一章　韓　秀著

⑨①情到深處　簡　宛著

⑨②父女對話　陳冠學著

93 陳冲前傳 嚴歌苓著
94 面壁笑人類 祖　慰著
95 不老的詩心 夏鐵肩著
96 雲霧之國 合山　究著
97 北京城不是一天造成的 喜　樂著
98 兩城憶往 楊孔鑫著
99 詩情與俠骨 莊　因著
100 文化脈動 張　錯著
101 桑樹下 繆天華著
102 牛頓來訪 石家興著
103 深情回眸 鮑曉暉著
104 新詩補給站 渡　也著
105 鳳凰遊 李元洛著
106 文學人語 高大鵬著
107 養狗政治學 鄭赤琰著
108 烟　塵 姜　穆著
109 河　宴 鍾怡雯著
110 滬上春秋 章念馳著
111 愛廬談心事 黃永武著
112 吹不散的人影 高大鵬著
113 草鞋權貴 嚴歌苓著
114 是我們改變了世界 張　放著
115 夢裡有隻小小船 夏小舟著
116 狂歡與破碎 林幸謙著
117 哲學思考漫步 劉述先著
118 說　涼 水　晶著
119 紅樓鐘聲 王熙元著
120 寒冬聽天方夜譚 保　真著
121 儒林新誌 周質平著
122 流水無歸程 白　樺著
123 偷窺天國 劉紹銘著
124 倒淌河 嚴歌苓著
125 尋覓畫家步履 陳其茂著
126 古典與現實之間 杜正勝著
127 釣魚臺畔過客 彭　歌著
128 古典到現代 張　健著
129 帶鞍的鹿 虹　影著
130 人文之旅 葉海煙著

131 生肖與童年　小　民著／喜　樂圖
132 京都一年　林文月著
133 山水與古典　林文月著
134 冬天黃昏的風笛　呂大明著
135 心靈的花朵　戚宜君著
136 親　戚　韓　秀著
137 清詞選講　葉嘉瑩著
138 迦陵談詞　葉嘉瑩著
139 神　樹　鄭　義著
140 琦君說童年　琦　君著
141 域外知音　張堂錡著
142 遠方的戰爭　鄭寶娟著
143 留著記憶・留著光　陳其茂著
144 滾滾遼河　紀　剛著
145 王禎和的小說世界　高全之著
146 永恆與現在　劉述先著
147 東方・西方　夏小舟著
148 嗚咽海　程明琤著
149 沙發椅的聯想　梅　新著
150 資訊爆炸的落塵　徐佳士著
151 沙漠裡的狼　白　樺著
152 風信子女郎　虹　影著
153 塵沙掠影　馬　遜著
154 飄泊的雲　莊　因著
155 和泉式部日記　林文月譯・圖
156 愛的美麗與哀愁　夏小舟著
157 黑　月　樊小玉著
158 流香溪　季　仲著
159 史記評賞　賴漢屏著
160 文學靈魂的閱讀　張堂錡著
161 抒情時代　鄭寶娟著
162 九十九朵曇花　何修仁著
163 說故事的人　彭　歌著
164 日本原形　齊　濤著
165 從張愛玲到林懷民　高全之著
166 莎士比亞識字不多？　陳冠學著
167 情思・情絲　龔　華著

⑱ 說吧，房間　林　白著
⑲ 自由鳥　鄭　義著
⑳ 魚川讀詩　梅　新著
⑴ 好詩共欣賞　葉嘉瑩著
⑵ 永不磨滅的愛　楊秋生著
⑶ 晴空星月　馬　遜著
⑷ 風　景　韓　秀著
⑸ 談歷史　話教學　張　元著
⑹ 兩極紀實　位夢華著
⑺ 遙遠的歌　夏小舟著
⑻ 時間的通道　簡　宛著
⑼ 燃燒的眼睛　簡　宛著
⑽ 月兒彎彎照美洲　李靜平著
⑾ 愛廬談諺詩　黃永武著
⑿ 劉真傳　黃守誠著
⒀ 天涯縱橫　位夢華著
⒁ 新詩論　許世旭著
⒂ 天　譴　張　放著
⒃ 綠野仙蹤與中國　賴建誠著
⒄ 標題飆題　馬西屏著
⒅ 詩與情　黃永武著
⒆ 鹿　夢　康正果著
⒇ 蝴蝶涅槃　海　男著
⒈ 半洋隨筆　林培瑞著
⒉ 沈從文的文學世界　王繼志　陳　龍著
⒊ 送一朵花給您　簡　宛著
⒋ 波西米亞樓　嚴歌苓著
⒌ 化妝時代　陳家橋著
⒍ 寶島曼波　李靜平著
⒎ 只要我和你　夏小舟著
⒏ 銀色的玻璃人　海　男著
⒐ 小歷史　林富士著
⒑ 再回首　鄭寶娟著
⒒ 舊時月色　張堂錡著
⒓ 進化神話第一部
・駁達爾文《物種起源》　陳冠學著
⒔ 大話小說　莊　因著

211

誰家有女初養成

嚴歌苓 著

「巧巧覺得出了黃桷坪的自己，很快會變一個人的。對於一個新的巧巧，窩在山溝裡的黃桷坪和窩在黃桷坪的一切人和事，都不在話下。」踏出黃桷坪的巧巧會有怎樣的改變呢？如願的坐上流水線抑或是……

212

紙銬

蕭馬 著

紙銬，這樣再簡單不過的刑具，卻可以鎖住人的雙手，甚至鎖住人心，牢牢的，讓人難以掙脫更不敢掙脫。隨便揀一張紙，挖兩個窟窿，然後自己把手伸進去，老老實實地伸直了手，哪敢輕易動彈，碰上風吹雨淋，弄斷了紙銬，一個個都急成了哭相……

213

八千里路雲和月

莊因 著

本書可分為兩大部分，雖然皆屬於記遊文字、同在大陸地區，時間，卻整整相隔了十八年。作者以其獨特的觀點、洗鍊的文筆，道出兩段旅程中的種種。從這些文章，我們可以看見一些故事，也可以看出一位經歷不凡的作家，擁有的不凡熱情。

214

拒絕與再造

沈奇 著

新詩已死？現代人已不讀詩？對於這些現象，作者本著長年關注現代詩的研究，對現代詩有其深刻的體認，無論是理論的闡述或是兩岸詩壇的現況，甚至是詩作的分析，都有其獨特的見解。在他的帶領下，你將對現代詩的風貌，有全新的認識與感受。

215

冰河的超越

葉維廉　著

詩人在新生的冰河灣初次與壯麗的冰河群相遇，面對這無言獨化、宇宙偉大的運作，面對「雪疊著雪雪疊著雪疊著永不溶解的雪／緩緩地積壓著／冰晶冰層冰箔相連覆蓋九萬餘里」的景象，喜悅、震撼、思涉千載而激盪出澎湃磅礴的——冰河的超越。

216

庚辰雕龍

簡宗梧　著

基於寫作興趣就讀中文系，卻因教學職責的召喚，不得不放緩文學創作的腳步。本書作為政大簡宗梧教授創作成果的集結，不僅可讓讀者粗識簡教授於教學及研究著績外的創作成果，也將是記誌簡教授今後創作「臺灣賦」系列作品的一個始點。

217

莊因詩畫

莊因　著

因心儀進而仿效豐子愷漫畫令人會心的幽默與趣味，作者基於同樣對世間生命萬物寬厚博大的關注與愛心，以他罕為人知的「第三枝筆」，畫出現今生活於你我四周真實人物的喜怒哀樂，並附以詩文，為傳統的中國詩畫注入了全新的生命。

218

換了頭抑或換了身體

張德寧　著

換了頭抑或換了身體？當器官移植技術發達到可以更換整個身軀時，我們要擔心的是生理上的排斥或心理上的抗拒？該為人類創造的奇蹟喝采還是為扭曲了人的靈魂而付出代價？藉作者精心的布局與對人深刻的觀察，我們將探觸心裡未曾到達的角落。

219

黥首之後

朱暉 著

政治上成分的因素，他曾前後被抄三次家，父母也先後被送入囹圄和下放勞改。他嚐盡世間的殘酷悲涼，看透人性的醜陋自私，但外在的折磨越狠越兇，內裡的親情就越密越濃。人性中最陰暗齷齪的一面與最光明燦爛的一面，都在這裡。

220

生命風景

張堂錡 著

每個人的故事，如同璀璨的風景，綻放動人的面貌。透過作者富含情感的筆觸，引領出成功背後的奮鬥歷程。文中所提事物，與我們成長經驗如此貼近，讓人油然而生「心有戚戚焉」之感。他們見證歷史，也予我們許多值得省思與仿效的地方。

221

在綠茵與鳥鳴之間

鄭寶娟 著

不論是走訪歐洲歷史遺跡有感，或抒發旅法思鄉情懷，抑或中西文化激盪的心得，作者以其一貫獨特的思考與審美觀，發為數十篇散文，澄清的文字、犀利的文筆中，流露著一種靈秘的詩情與浪漫的氣氛，讓讀者在綠茵與鳥鳴之間享受有深度的文化饗宴。

222

葉上花

董懿娜 著

讀董懿娜的文章，如同接受心靈的浸潤。生活的點滴，藉她纖細敏感的筆尖，便能在心中蕩起圈圈漣漪；娓娓的傾訴，叫人不禁沉入她的世界。在探求至情至性的同時，重新面對自己，循著她的思緒前進，彷彿也走出了現實的惱人，燃起對生命的熱情。

223

與自己共舞

簡宛　著

「與自己共舞，多麼美好歡暢的感覺！」長年旅居海外的簡宛，以平實真誠的筆調，與讀者分享「接納自己、肯定自我」的喜悅。書中收錄作者多年來與自己共舞的所思所感，包含對婚姻、家庭、自我成長的探討，值得讀者細細品味這分坦率至情的人生智慧。

224

夕陽中的笛音

程明琤　著

我們從本書中可領略程明琤對於生命的思索與感受，對於文化的關懷珍視，她更以廣闊的角度引領讀者去探索藝術家的風範和多彩的人文景致。讀她的文章不只是欣賞她行文遣字的氣蘊靈秀，真正觸動人心的是她對眾生萬相所付注的人文情懷。

225

零度疼痛

邱華棟　著

「我發現我已被物所包圍，周圍一個物的世界，它以嚇人的速度在變化更新，似乎我的生活已經事先被規定、被引導、被制約、被追趕。」作者以魔幻的筆法剖析現代人被生活擠壓變形的心靈。事實上，我們都是不同程度的電話人、時裝人、鐘錶人……。

226

歲月留金

鮑曉暉　著

以滿盈感恩的心，追憶大時代的離合悲歡，及中國這片土地的光輝與無奈；用平實命動人的文字，記錄生活的精彩，和對生命的熱愛與執著。作者將歲月中的點滴與感動，譜成這數十篇的散文，讀來令人低徊不已，並激盪出對生命的無限省思。

227

如果這是美國

陸以正　著

面對每天新聞報導中沸沸揚揚的各種話題，您的感想是什麼？是事不關己的冷漠？還是無法判斷是非的茫然？不妨聽聽終身奉獻新聞與外交事務的陸以正大使，如何以其寬廣的國際觀點，告訴您「如果這是美國……」

228

請到我的世界來

段瑞冬　著

從七〇年代窮山惡水的貴州生活百態，到瑞典中西文化交流的感觸，最後在學成歸國的喜悅中，驚覺中國物質與思想上的巨大轉變，作者達觀的態度及詼諧的筆調，好像久違的摯友熱情地對我們招手：「請到我的世界來！」

229

6個女人的畫像

莫　非　著

6個女人，不同畫像。在為家庭守了大半輩子門框後，他們要出走找回失落的自己，藉著幻想，藉著閱讀，藉著繪畫等等不同方式，讓心靈有重新割斷再連結的機會。盼能以此書，提供女人一對話的空間。

230

也是感性

李靜平　著

「人世間的很多事，完全在於你從什麼角度來看。」本書作者以幽默的口吻帶您挖掘出生活中的樂趣。不管是親情的交流或友誼的呼喚，即便是些雞毛蒜皮的小事，在她的筆下每個生活週遭的人物全都活絡了起來，為我們合力演出這齣喜劇。

231
與阿波羅對話
韓 秀 著

自遠方來，我在陽光的國度與阿波羅對話。秋日午後的愛琴海波光粼粼，反射生命的絕代風采。這裡是雅典，眾神的故鄉，世人的虛妄不過瞬眼，胸臆間卻永遠有激情在湧動。殿堂雖已頹圮，風起之際，永恆卻在我心中駐紮。

232
懷沙集
止 庵 著

「樹欲靜而風不止，子欲養而親不待」作者將對逝去父親的感念輯成本書。其間除了父親晚年兩人對談的點滴外，亦不乏從日常不經意處，挖掘出文學、生活的真諦。作者樸實的文筆，在現代注重藻飾的文壇中像嚼蘿蔔，別有一股自然的餘味。

233
百寶丹
曾 焰 著

百寶丹，東方國度的神奇靈藥，它到底有多神妙？身世坎坷的孤雛，如何在逆境中自立，成為濟世名醫？一部結合中國傳統藥理與鄉野傳奇故事的長篇小說，一段充滿中國西南邊疆民族絕代風情的動人篇章。

234
矽谷人生
夏小舟 著

生命流轉，人只能隨波逐流。細心體會、聆聽、審視才能品嘗出人生的況味。從中國到美國，從華盛頓到矽谷，傳統與現代，寧靜與繁華，作者以雋永的文筆，交織出大城市裡小人物不平凡的際遇和生活中發人省思的啟示，引領讀者品味異國人生。

235
夏志清的人文世界
殷志鵬 著

在自己的婚禮上，會說出「下次結婚再到這地來」的，大概只有夏志清吧！這位不在洋人面前低頭的夏教授，以其堅實的學術專業，將現代中國小說推向西方文學的殿堂，他蓄滿對生命的熱情，打了兩次精采的筆仗……快跟著我們一起走入他的人文世界吧！

236
文學的現代記憶
張新穎 著

五〇年代的臺港兩地，在自由風氣的帶動下，中外文學相互影響，激起了一連串美麗的浪花；或許你我置身其中，而無法全然地欣賞到這場美景，亦或未能躬逢這場盛宴，作者以局外人的角度，用精鍊的筆法為文十篇，細數這場文學史的發展。

237
女人笑著扣分數
馬盈君 著

這是一本愛情的「解語書」，告訴您女人為何笑著扣分數。馬盈君，一位溫柔敦厚的作者，以她理性感性兼至的筆觸，探討愛情這一亙古的命題。在芸芸眾生中，為我們解剖女人內心最深處的想法，及男人的愛情語碼，帶領我們找到千古遇合的靈魂伴侶。

238
文學的聲音
孫康宜 著

聲音和文字是人們傳情達意的主要媒介，然而聲音已與時俱逝；動人的詩篇卻擲地有聲，如空谷迴響，經一再的傳唱，激盪於千古之下。本書作者堅持追尋文學的夢想，用心聆聽、捕捉文學的聲音，穿越時空的隔閡與古人旦暮相遇。

國家圖書館出版品預行編目資料

夏志清的人文世界／殷志鵬著.－－初版一刷.－－
臺北市；三民，民90
面；　公分－－(三民叢刊:235)

ISBN 957-14-3514-7　(平裝)

1.夏志清　學術思想-文學 2.夏志清-傳記

782.886　　90015463

網路書店位址　http://www.sanmin.com.tw

著作人　殷志鵬
發行人　劉振強
著作財產權人　三民書局股份有限公司
臺北市復興北路三八六號
發行所　三民書局股份有限公司
地址／臺北市復興北路三八六號
電話／二五〇〇六六〇〇
郵撥／〇〇〇九九九八──五號
印刷所　三民書局股份有限公司
門市部　復北店／臺北市復興北路三八六號
重南店／臺北市重慶南路一段六十一號
初版一刷　中華民國九十年十一月
編　號　S 81096
基本定價　參　元
行政院新聞局登記證局版臺業字第〇二〇〇號

ISBN　957-14-3514-7　(平裝)